트럭 모는 CEO

중고트럭 한 대로 매출 100억

트럭 모는 CEO

배성기 지음

센시오

그 누구도 트럭 장사를 기회라고 말하지 않았다

막다른 골목, 살고 싶은 사람들

"배 감독님.

저는 두 아이의 아빠입니다. 하던 사업이 잘 안 돼 정리한 후 이제는 빚과 가족만 남았습니다.

산 속에서 농약을 마셨습니다. 더 이상은 버틸 힘도, 희망도 없어 조용히 떠나고 싶었는데 죽음을 눈앞에 두고 아이들과 식당에 앉아 고기 먹는 꿈을 꾸었습니다. 그 순간 살아야겠다고 생각했습니다.

돈을 많이 벌고 싶은 것도 아닙니다. 아이들이 원하는 식당에 한 번씩이라도 흔쾌히 데리고 가는 아빠가 되고 싶을 뿐입니다. 저는 죽고 싶지 않습니다. 살고 싶습니다. 잘 살고 싶습니다."

트럭 장사를 시작하는 사람들은 대부분 이렇게 삶의 가장 힘든 순간에 나를 찾아온다. 더는 갈 길이 없다는 생각에 죽음마저 떠올린 사람들, 마지막 지푸라기라도 잡으려는 이들, 남편이자 아빠로서 절망감에 눈물 흘리는 이들이 문자로, 전화로, 쪽지로 연락을 해온다.

그런데 이들 한 명, 한 명과 이야기를 나누어보면 언제나 한 가지 놀라운 결론에 도달한다.

이분들은 정말로 죽고 싶었던 것이 아니라 너무도 살고 싶었던 것이다.

온통 어두운 절망 가운데서도 희망의 끈 한 가닥만 붙들 수 있다면 이들은 결코 포기하지 않는다. 행복한 가족, 제대로 된 삶에 대한 애착이 그만큼 강하기 때문이다. 마지막 순간까지도 그 욕망은 시들지 않는다.

나 또한 그 심정을 누구보다 잘 알고 있다.

6년 전, 강남의 잘나가던 과일가게에서 하루아침에 1억 5,000이라는 빚과 함께 쫓겨나듯 떠밀려 나왔을 때. 트럭 한 대 몰고 이른 새벽에 집을 나와 다음날 새벽까지 길거리에서 목이 쉬어라 과일을 팔았을 때. 녹초가 되어 집에 돌아와 잠든 아이들의 얼굴을 마주했을 때.

바로 그때의 내 모습이기 때문이다.

트럭 장사를 기회라고 말한 사람은 없었다

트럭 장사를 기회라고 말한 사람은 아무도 없었다.

나조차도 처음에는 트럭 장사가 기회가 아닌, 그저 살기 위한 선택이었다. 하지만 모든 것을 잃었다고 생각했을 때 기회의 씨앗은 내 옆에 조용히 내려앉았다. 그리고 사막과도 같은 땅을 뚫고 기회의 씨앗은 싹을 틔웠다.

그 과정에서 나는 장사 하나만큼은 제대로인 트럭 장사꾼으로, 트럭장사 사관학교 '국가대표 과일촌'의 감독으로, 현재는 연매출 100억 원의 물류센터 운영자로 성장했다.

"트럭 장사를 배워보고 싶습니다."

트럭장사 사관학교를 찾아와서 입소를 청하는 이들에게 나는 이렇게 답한다.

"좋습니다. 하지만 기한이 있습니다. 3년 안에 졸업을 하셔야 합니다. 3년이 넘도록 트럭 장사를 하실 거라면 시작도 하지 마십시오."

트럭 장사의 유통기한을 3년으로 한정한 데는 이유가 있다. 트럭 장사를 평생 직업으로 삼아 언제까지고 이 일로 생계를 잇겠다고 생각하는 사람에게 희망은 없다. 딱 3년. 삶의 밑천이 될 디딤돌을 이 악 물고 마련한다는 심정으로 트럭에 올라야 트럭 장사에서도, 이후의 삶에서도 성공할 수가 있다.

사관학교의 입소 절차 또한 생각보다 까다롭다. 새벽 6시부터 시작되는 면접을 통과해야 하고, 3일간의 만만찮은 현장 실습을 버텨내야 한다. 이런 장치를 만든 이유는 '할 거 없는데 트럭 장사라도 해야지'라고 생각하는 사람들을 막기 위해서다.

장사는 할 게 없어서 하는 일이 아니라, 하고 싶은 것이 있기에 하는 일이다.

'할 것이 없는 사람'과 '하고 싶은 게 있는 사람'은 시간의 쓰임이 다르다. 전자는 시간을 마냥 흘려보내지만, 후자의 사람은 꿈을 뚜렷한 현실로 빚어내기 위해 시간을 도구로 삼는다. 3년 후, 두 사람의 모습이 천지 차이리라는 것은 누구나 알 수 있는 사실이다.

트럭장사 사관학교가 시작된 후로 4년 동안 많은 팀원들이 목표로 했던 자금을 모아 멋지게 졸업을 했고, 또 일부는 거리의 트럭 장사꾼에서 어엿한 자기 가게의 주인으로 거듭났다.

그 시간 동안 국가대표 과일촌 또한 큰 폭으로 성장했다.

얼마 전 인수한 국가대표 과일촌의 제3물류센터는 국내 최대 규모의 트럭 물류센터이다. 이로써 전국에 우리 제품을 유통하는 첫발을 내딛게 되었다.

현재 국가대표 과일촌은 대량, 직접 구매를 통해 소비자들에게 합리적인 가격으로 좋은 농수산물을 꾸준히 공급하고자 노력하고 있다. 또한 생산자 입장에서는, 땀과 눈물로 재배한 농산물이 외면당하지 않고 제대로 유통될 수 있는 발판을 만들고자 한다.

처음 낡은 중고 트럭 한 대에 떨어졌던 씨앗 하나가, 6년 만에 얼마나 크고 빛나는 열매를 맺었는지 돌아볼 때마다 새로운 설렘이 마음속에 일어난다.

내가 트럭에 싣고 달리는 것

나의 첫 책《국가대표 트럭장사꾼》을 출간한 후, 많은 분들이 책을 통해 위로와 용기를 얻었다고 말씀해주셨다. 내가 '강연하는 트럭 장사꾼'이 된 것 또한 책의 힘이었다. 유명 대학이나 방송국, 국회의사당, 국방부, 대기업에서도 꾸준히 강의 요청을 받으며 많은 청중들에게 내 이야기를 전하고 있다.

《국가대표 트럭장사꾼》은 내가 생생히 체험한 트럭 장사의 노하우, 그리고 장사꾼으로서의 마인드를 담아내는 데 집중한 책이다. 인생의 가장 험한 절벽을 맞닥뜨린 후, 3년이라는 시간 동안 죽을힘을 다해 일어선 과정을 말하고 싶었다.

이 책《트럭 모는 CEO》는 트럭 자체보다는 거기에 '무엇을 싣고 달리는가'에 무게를 두었다. 먼저 트럭에 오르기 전 10년 동안, 세 번의 과일가게를 거치며 장사꾼으로 서서히 단련해나간 모습을 그렸다. 당시 '내 가게를 열겠다'는 꿈은 매번 더 가까워지는 듯했다. '우리는 한 팀'이라고 '너의 꿈을 이루도록 꼭 도와주겠다'고 말하던 사람들과 함께했지만, 가게의 매출이 몇 배로 뛰어오른 뒤에는 어김없이 쓸쓸한 끝을 맞이했다.

트럭 위에서 치열한 전쟁을 치른 뒤, 나의 꿈을 다시 돌아보았다. '내 가게'라는 과거의 꿈은 이제 '이전의 나와 같은 사람들과 함께하는 회사'로 모양이 바뀌어 있었다. 유통회사를 만들어 절박한 장사꾼들에게 더 체계적인 지원을 하고 싶었다. 당장 빠른 속도를 내는 것보다는 방향이 중요하다는 결론에 다다랐다.

그렇게 트럭장사 사관학교가 태어났고, 트럭 장사꾼들의 꿈을 실현할 오프라인 가게를 하나둘 세웠으며, 체계적인 유통망을 확보하게 되었다.

이 책에는 국가대표 과일촌에서 함께 웃고 울며 저마다의 목표를 이뤄낸 트럭 장사꾼들의 이야기, 또한 지붕도 없는 거리에서 비를 맞으며 과일을 나누던 우리가 연 매출 100억 원의 회사로 거듭난 과정을 생생하게 담았다.

산 속에서 농약을 먹었던 사관학교 졸업생이 어느 날 핸드폰으로 사진을 한 장 보내왔다. 식구들과 둘러앉아 고기를 먹는 모습이었다.

"감사합니다. 좋은 식당에서 다 먹지도 못할 만큼 고기를 잔뜩 시켜놓고 아이들과 아내와 실컷 먹었습니다. 몇 년 만인지 모르는 행복한 시간을 보내며 그날 죽지 않길 정말 잘했다고 몇 번이나 속으로 말했습니다."

'마지막 희망'을 품고 나를 찾아오는 그분들에게 우리가 '처음 용기'가 되길 원한다.

그렇게 꿈을 이룬 사람들이 모여, 꿈을 잃은 사람들에게 온기와 때로는 날카로운 응원을 실어주는 회사를 만들고 싶다.

모든 것을 잃었다고 생각하는 그때가 꿈길을 걷기 가장 좋은 때라는 것을 증명하고 싶다.

이제 내 꿈은 유통의 최일선에서 최고의 과일 장사꾼이 되는 것이다. 또한 국가대표 과일촌 안에서 꿈꾸는 모든 이들의 손을 잡고 등을 밀어, 모두의 꿈으로 이뤄내는 것이다.

지금도 매일 도시락을 싸주는 아내와
휴가 한번 함께 가보지 못한 두 딸들에게 사랑과 감사를 전하며

트럭 장사 CEO 배 성 기

Contents

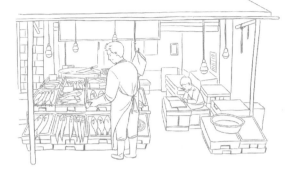

1 세 번의 가게, 세 번의 설렘과 좌절

2 트럭에서 '진짜 장사'를 배우다

3 3년 안에 삶을 바꾸는 장사의 노하우

4 트럭장사 사관학교, 장사꾼들의 꿈을 싣다

5 트럭 모는 CEO, 오늘도 달린다

CHAPTER

1

세 번의 가게,
세 번의 설렘과 좌절

사장님에서 '트럭 아저씨'로

2012년 6월 16일.

새벽의 서늘한 기운이 채 가시지 않은 이른 아침. 낡은 1톤 트럭에 시동을 걸고 길거리로 나섰다. 트럭 뒤켠에는 노란 참외가 한가득 실려 있다. 오늘 하루 내가 팔아야 할 물건이다. 크기도 고르지 않고 군데군데 흠집도 제법 있는, 우리끼리 하는 말로 '열과'들이다. 짐칸에 실려 진동에 덜덜 흔들리는 참외들이 마치 내 모습처럼 처량하게 느껴진다.

불과 얼마 전까지만 해도 강남에서 번듯한 과일가게를 운영하며 '사장님' 소리를 듣던 나였다. 장사로 잔뼈가 굵은 천상 장사꾼. 일하는 가게마다 단골손님들이 줄을 서게 만들어서, 어디서든 무슨 물건이든 못 팔 일 없다라는 자신감에 차 있었다. 그러던 내가 하루아침에 1억 5,000이라는 빚을 떠안고 거리로 나왔다. 혼자서 트럭을 몰고 새로운 세상과 맞닥뜨린 첫날이었다.

어디에 차를 대고 장사를 시작해야 할까? 낯선 동네 낯선 풍경 속에서 트럭의 속도를 줄였다 높였다 반복하며 한참을 망설였다.

'그래, 저기면 되겠다. 사람들도 많이 지나다니고, 도로변이라

차 대기도 좋겠어.'

나는 횡단보도 앞의 공간을 점찍고 조심스럽게 트럭을 세웠다.

차에서 내려 짐칸의 참외를 정리했다. 목소리를 가다듬고 본격적으로 손님을 불러 모으려 준비를 하고 있는데, 어떤 아저씨 한 분이 씩씩거리며 다가오는 것이 보였다.

"이 사람이, 이 앞에 참외 트럭 안 보여? 지금 어디서 장사를 하려는 거야? 젊은 사람이 상도가 없어."

아저씨의 말에 고개를 돌려보니, 정말 바로 몇 미터 떨어진 횡단보도 앞에 과일 트럭이 한 대 서 있었다.

"뭐하고 있어! 당장 차 안 빼고!"

목소리를 높이며 욕까지 해대는 통에 '여기서 장사하긴 틀렸구나.' 싶었다.

"죄송합니다. 제가 몰랐어요. 바로 이동하겠습니다."

나는 꾸벅 고개를 숙이고 주섬주섬 뒷정리를 한 뒤 트럭에 다시 올랐다.

첫 '차대기'에 실패를 한 뒤로도 운은 따라주지 않았다. 자리를 막 잡으려는데 단속반이 와서 막아서기도 하고, 목이 좋다 싶으면 아까처럼 기존의 장사꾼들이 텃세를 부리는 바람에 장사를 개시조차 못하고 떠나야 했다.

내일의 해가 두려운 밤

아침에 싣고 나온 참외는 6월의 뜨거운 햇살에 점차 물러지고 있었다. 참외를 단 하나도 팔지 못한 채, 기름 값을 축내며 서울 시내 드라이브만 하는 꼴이었다.

사실 그 전날만 하더라도 내심 자신이 있었다. 트럭 장사 경험이 많은 분과 함께 시험 삼아 하루 장사를 했는데 "이 친구 물건이네. 아주 제대로야." 하는 칭찬을 들었다. 그날 나는 100박스가 넘는 참외를 들고 나가서 퇴근 시간 무렵에는 한 톨도 남기지 않고 다 팔아 치웠다. 그래서 '트럭 장사 별거 없네. 내가 과일 장사를 몇 년을 했는데, 그럼 이 정도도 못 하겠어?' 하는 설부른 자신감에 차 있었다.

그런데 막상 혼자서 트럭에 오르고 나니, 차를 세우는 것부터가 난관이었다. 그동안 길에서 장사하는 분들을 무심코 봤을 때는 너무도 당연하게 보였던 것들이, 처음부터 큰 장벽이 되어 가로막고 있었다.

간신히 트럭을 세우고 장사를 시작한 건 늦은 밤이었다. 하루 종일 밥 한 끼 먹지 못하고 지하철 막차가 끊길 무렵까지 고생해서 번 돈은 십여 만 원이었다. 이날 매입한 과일 값은 50만 원이었으니, 손해가 이만저만이 아니었다.

물러지고 멍이 든 참외를 가득 싣고, 캄캄한 밤길을 운전해 돌아오는 길이었다. 라디오에서는 〈사노라면〉이라는 노래가 흘러나왔다. 수없이 들어봤던 노래의 가사 말이 그날따라 마음을 후벼 팠다.

사노라면 언젠가는 밝은 날도 오겠지.

흐린 날도 날이 새면 해가 뜨지 않더냐.

새파랗게 젊다는 게 한밑천인데 쩨쩨하게 굴지 말고 가슴을 쫙 펴라.

내일은 해가 뜬다. 내일은 해가 뜬다.

　내일은 해가 뜬다고 장담하기에는 그 밤이 너무도 어둡고 깊었다. 차라리 내일이 오지 않기를 바라는 편이 더 쉬울 듯했다. 그냥 짙은 밤이 계속되기를, 그래서 내가 짊어진 이 무거운 짐이 밝은 별에 다시 드러나지 않기를, 그냥 이대로 트럭과 함께 어둠 속으로 꺼지기를 마음속으로 바랐다.

첫 스승이었던
야채가게

시행착오에도 무게가 있다

　　내가 장사와 인연을 맺게 된 것은
어느 날 텔레비전에서 우연히 보게 된 한 장면 때문이었다.

　당시 나는 대형 항공사에서 카고 담당자로 근무하고 있었다. 처
음 그 일을 시작했을 때만 해도 평생직장이라는 확신이 있었다.
힘들게 들어간 회사를 아내는 무척 자랑스러워했다. 어머니 역시
어디를 가나 "우리 막내가 그 비행기 회사에 다니잖아. 비행기 탈
일 있으면 말해." 하며 어깨에 힘을 주셨다.

　하지만 얼마 후 IMF라는 큰 충격이 나라를 덮쳤다. 우리 회사도
예외는 아니었다. 회사에서는 자구책으로 감원을 발표했고 희망
퇴직 신청을 받았다. 대부분은 입사한 지 오래된 50대 전후의 직
원들, 정년이 가까운 관리직들이 퇴직을 신청했다.

선배들은 "야, 퇴직금 받은 거랑 그동안 모은 돈으로 장사 시작하면 그래도 산 사람 입에 거미줄 치겠냐. 한번 해보는 거지." 하고 호기롭게 직장을 떠났다. 그러고는 약속이라도 한 듯이 치킨 집이나 피자 가게, 식당을 차렸다.

처음 가게를 오픈할 무렵에는 소위 '오픈 빨'이라는 것이 작동해 손님이 제법 북적거렸다. 하지만 시간이 흐르면 이상하게도 사람들의 발길이 줄어들어 가게 운영이 힘들어졌다. 큰 고깃집을 오픈했던 선배가 얼마 후 백반집으로 몸집을 줄이고, 그러다 분식집으로 업종을 바꾸는 일이 허다했다.

그런 선배들의 모습을 지켜보며 나는 씁쓸함과 동시에 위기의식을 느꼈다.

'회사 하나만 바라보고 모든 것을 걸다가는 나도 저 선배들의 전철을 밟을 수밖에 없겠구나.'

회사에서 과장이나 부장 같은 직급에 오르면 '대접'에 익숙해진다. 부하직원들과 거래처의 깍듯한 인사치레가 너무나 당연했던 이 사람들은 회사라는 울타리 밖으로 걸어 나가는 순간 세상이 더 이상 친절하지 않다는 것을 실감한다. 스스로를 위안하고 보호하기 위해 '내가 한때는', '왕년에는'이라는 입버릇을 달고 산다.

나는 그렇게 과거 속에 사는 사람이 되고 싶지 않았다. 정년이 없는 직장, 일한 만큼 버는 직업을 가지고 싶다는 생각이 움텄다. 만약 시행착오를 겪어야 한다면 조금이라도 젊었을 때 겪어내야만 상처를 딛고 일어설 수 있으리라는 확신이 섰다.

장사꾼의 삶을 선택하다

그 무렵 텔레비전에서 한 야채가게의 이야기를 우연히 보게 되었다. '자기 장사'를 하는 내 또래 청년들의 모습이 활기에 넘쳤다. 인터뷰를 하는 직원들 중에는 유학까지 다녀온 젊은 친구, 군대에서 장교 복무를 마치고 제대한 이도 있었다. '내 과일가게라는 꿈'을 품고서 일한다는 그들의 이야기에 가슴이 뛰었다. 오랜만에 느끼는 설렘과 희망에 나는 결심을 굳혔다.

무작정 방송에서 봤던 그 야채가게를 찾아갔다. '이왕 배울 거면 최고한테 배워야 중간은 하지'라는 생각이었다. 다시 뒤돌아보지 말자는 각오로 다니던 회사에는 이미 사표를 낸 후였다. 가게 사장님과 면접을 치르고 당장 내일부터 가게로 나오라는 합격 통보를 받았다.

나는 잠시 고민했다. 당장 수습 기간에는 교통비와 식비도 채안 되는 급여를 받게 된다. 서른이 코앞이었고, 아내와 어린 딸이 있었다. 이 순간의 선택에 따라, 누구나 인정해주는 번듯한 직장을 그만두고 치열한 생존의 현장에 발을 디디게 된다. 아침 첫차를 타고 출근해 막차를 타고 퇴근하는 생활이 이어질 터였다.

하지만 나는 흔들리지 않았다. 장사라고는 해본 적도 없으니 내 가치는 아직 정해지지 않았다. 지금이야 이렇게 시작하지만, 장사꾼으로서의 가치는 스스로 만들어나가기 나름이라고 생각했다. 나는 자신이 있었다. 하늘이 내 편이 되어줄 것 같은 막연한 희망에 마음이 부풀었다. 그날의 선택으로, 어느 날 끝 모를 절망에 닿게 되리라는 생각은 꿈에도 하지 않았다.

아내에게는 미리 상의를 하지 못했다. 어떤 반응을 할지 너무도 잘 알았기에, 차마 입이 떨어지지 않았다. 그렇게 일단 일을 저지르고 난 뒤, 장사꾼으로서의 삶이 본격적으로 시작되었다.

'안녕하세요'의 고비

직장 생활만 하던 나로서는 손님에게 "어머니, 안녕하세요?"라고 말을 붙이는 것부터가 어색하기만 했다.

떨어지지 않는 입을 억지로 열고 쭈뼛거리며 인사를 건넸다.

"어머니, 안녕하세요. 오늘 사과가 맛있습니다."

"요즘 사과 철이잖아. 맛없는 사과가 어디 있어? 다 맛있지."

손님이 이렇게 받아치면, 뭐라 대꾸해야 좋을지 몰라 우물쭈물하기만 했다.

어떤 사람은 "어, 총각이 바뀌었네. 저번에 있던 총각은 어디 갔어?"라며 낯을 가리기도 했다. '어머니'라고 부르는 호칭에 "내가 몇 살인데 어머니예요?" 하며 정색하는 경우도 있었다. 예상치 못한 상황에 수시로 부닥칠 때마다 나는 얼굴을 붉히거나 슬그머니 자리를 피하기도 했다.

출근을 한 지 얼마 후, 나는 승용차를 팔고 대신에 중고 트럭을 구매했다. 가락시장에서 새벽같이 물건을 떼어 와야 하는 경우도 있었고, 언젠가 내 가게를 차릴 때를 생각하면 아무래도 트럭은 한 대 있어야겠다고 생각해서였다.

나는 그 트럭을 타고 출퇴근하면서 손님과 대화하는 연습을 했다. 지난번에 겪은 곤란한 상황들, 혹은 앞으로 있을 법한 상황들을 머릿속으로 떠올리며 어떻게 대처하는 게 좋을지 생각하고 큰 소리로 연습을 해보았다.

좀처럼 입에 붙지 않는 "어머니, 안녕하세요~"라는 말도 억양을 바꿔가며 수없이 반복했다. 어느 정도 익숙해진 다음에는 다른 인사말도 덧붙여보았다.

"어머니, 안녕하세요. 오늘 너무 화사하세요. 스카프가 이렇게 잘 어울리는 분은 제가 또 처음이네요."

아무도 없는 차 안에서 환하게 미소를 지었다가 갑자기 소리 내어 웃고, 고개를 꾸벅 숙이며 주절거리기도 하는 내 모습은 아마도 가관이었을 것이다. 신호 대기에 걸려 나란히 서 있던 옆 차의 운전자들은 내 모습을 보고 '아이고, 젊은 사람이 어쩌다가…….' 하며 혀를 찼을지도 모를 일이다.

그때 이후로 지금까지 '도로 위의 트럭'은 나의 가장 좋은 연습실이다. 강연할 일이 부쩍 많아진 요즘도 나는 이 연습실을 아침저녁으로 애용하곤 한다.

내가 팔 물건을 겁내지 말라

어느 날 사장님이 나를 부르더니 말했다.

"자, 오늘 네 몫이다. 이거 다 팔기 전엔 들어올 생각 마라."

사장님이 가리킨 곳에는 바나나 한 팰릿이 높이 쌓여 있었다. 한 팰릿이면 54상자. 개수로 따지면 550송이쯤 되는 양이었다. 가게에 막 들어온 초짜더러 그 많은 바나나를 다 팔라니, 어안이 벙벙할 따름이었다. 내 표정을 읽었는지 사장님이 한마디 했다.

　"장사 배우겠다고 온 놈이 물건을 겁내면 어떡해. 절대 물건에 겁먹지 마라. 팔면 되지."

　처음에는 너무 쉽게 말하는 사장님에게 원망의 마음도 살짝 들었다. 하지만 어느 순간 '팔면 되지'라는 그 무심한 말이 묵직한 힘이 되어 내 마음에 실렸다.

　'그래, 팔면 되지.'

　나는 리어카에 바나나를 싣고 나가서 소리치기 시작했다.

　"바나나가 왔어요! 방금 필리핀에서 비행기 타고 온 바나나! 맛 좋고 값싼 바나나 들여가세요~"

　그렇게 해가 질 때까지 동네를 샅샅이 돌아다닌 끝에 정말 한 팰릿의 바나나를 남김 없이 다 팔았다. 집으로 돌아가는 길. 하루 종일 쉬지 않고 걸어 다닌 탓에 발바닥 전체가 욱신거렸지만 마음만은 그 어느 때보다도 뿌듯했다.

　아는 것 없는 신참에게 500송이가 넘는 바나나를 덥석 맡긴 사장님께도 새삼 존경심이 들었다. 장사하는 사람이라면 그 정도 배포는 있어야겠구나 싶었다. '그래, 하면 되지', '일단 해보자'. 장사꾼으로서 잊지 말아야 할 가르침을 마음에 새겼다.

장사꾼의 목소리를 장착하다

하루하루가 지날수록 장사에 슬슬 장사에 자신이 붙기 시작했다. 손님과의 대화도 눈에 띄게 자연스러워졌다. 어떤 상황에서도 뻔뻔해져야 한다는 마음가짐을 갖추고 나니 두려울 것이 없었다.

"어머, 총각. 저번에 내가 사 갔던 수박이 상했더라. 하나도 못 먹고 다 버렸어."

이렇게 쏘아붙이는 손님 앞에서도 이제는 당황하지 않았다.

"어머니, 그거 우리 거 맞아요? 어떻게 그런 게 있었어. 내가 골라준 거 아니죠? 어떻게 어머니한테 그런 걸 줬을까. 미쳤나보다, 내가."

이 정도로 유들유들하게 손님 기분을 맞추는 내 모습에 스스로도 신기할 정도였다.

근무 중에는 다른 점포에 지원을 나갈 일도 종종 생겼다. 그런데 언젠가부터 점주들이 내 목소리만 들으면 '어?' 하고 뒤돌아보며 긴장한 기색을 보이곤 했다. 알고 보니 내 목소리가 사장님의 목소리와 거의 흡사하다는 것이었다. 사장님은 나에게 장사를 가르쳐준 첫 스승과도 같았다. 혼자서 멘트를 연습할 때도 그를 모델 삼아 흉내를 내다보니, 어느새 목소리의 톤이나 어투가 비슷해졌던 것이다.

"나는 사장님 온 줄 알았어. 자다가 그냥 뛰어나왔잖아."

점주들의 너스레에 은근히 기분이 좋았다. 사장님 같은 베테랑 장사꾼과 구분이 안 갈 정도라니, 특훈이 확실히 효과가 있긴 있나 보다 싶었다.

지금도 나는 장사를 할 때면 그때 만들어진 목소리가 자동으로 장착된다. 사실 목소리의 톤과 억양을 적절하게 유지하는 것은 쉬운 일이 아니다. 생목이나 머리에서 소리를 끌어내면 금방 목이 쉬고 힘도 많이 든다. 반면에 배에서부터 소리를 내면 목이 전혀 상하지 않는다. 뿐만 아니라 더 또박또박, 멀리까지 목소리가 전달된다. 물론 금세 허기가 진다는 단점이 있지만, 손님만 많이 끈다면야 그게 무슨 대수겠는가.

물건을 파는 장사꾼, 말을 파는 장사꾼

자신감 있게 손님을 맞고 내 물건을 사게 만들려면 우선 내가 잘 알아야 한다는 생각이 들었다. 그래서 시간이 날 때마다 과일에 관해 공부를 했다. 사장님이나 가게의 선배들, 거래처 사람들에게 수시로 질문했고 그래도 부족한 것은 책이나 인터넷을 뒤져가며 배웠다.

사과만 해도 공부할 내용이 수두룩했다. 품종이 얼마나 다양한지, 어느 시기에는 어느 품종이 맛있는지, 어떻게 재배를 하는지, 저장 사과는 어떤 특성이 있는지 등등을 계속해서 암기했다. 그래야만 손님들이 불쑥 던지는 질문에도 당황하지 않을 수 있으리라 생각했다.

"저번에 어디서 사과를 샀는데 이상하더라. 겉은 멀쩡한데 안은 갈색이야. 왜 그래?"

"꿀 박힌 사과 있죠? 그게 저장이 잘못되거나 저장 기간이 길어지면 그런 갈변 현상이 나타날 수 있어요, 어머니."

이렇게 어떤 질문에든 척척 대답할 수 있게끔 노력했다. 과일에 관해서만큼은 전문가라는 신뢰를 주고 싶었다.

사실 단순히 '맛있다'는 말만큼 무책임한 것도 없다. 세상 어느 장사꾼이 자기 물건이 나쁘다고 말하겠는가. 왜 좋은지, 어떻게 좋은지를 설명하고 손님이 고개를 끄덕일 만한 작은 정보라도 건네면서 말을 이어가야 한다. "얼마나 드릴까요?"라고 대뜸 물을 때보다 과일의 보관법이라든가, 맛있는 과일 구별하는 법을 설명하면서 느긋하게 기다려줄 때 손님들이 마음을 연다는 것을 깨달았다.

손님을 상대할수록 '물건'을 파는 장사꾼이 아니라 '말'을 파는 장사꾼이 되어야 함을 절감했다.

상한 과일도 교재가 된다

과일에 대한 지식이 어느 정도 쌓이자, 이제 실제 맛을 최대한 경험해보아야겠다는 생각이 들었다. 과일이라는 것이 겉껍질만 봐서는 맛이나 식감을 정확히 알 수 없기 때문이다. 도매상회를 돌며 맛을 보기도 하고, 우리와 경쟁하는 주변 가게들 과일은 어떤가 싶어 직접 사보기도 했다.

그러면서 과일을 단순히 당도로만 따질 것이 아니라 여러 가지 향과 풍미를 평가해야 함을 알았다. 종마다, 산지마다, 수확한 시기마다 미묘하게 달라지는 맛들도 알아차릴 수 있었다. 이렇게 입이 먼저 트이고 나니 눈은 저절로 떠지는 것 같았다.

때로는 상한 과일도 일부러 먹어보았다. 이 또한 내 혀를 단련시키는 과정이라 생각해 혀를 대보고, 상한 부분을 도려낸 나머지 과육도 맛보았다.

예를 들어 골드키위는 조금이라도 상한 부분이 있으면 전체의 맛이 확 바뀐다. 멜론은 너무 익어 상하기 직전이 되면 쓴맛이 돌고, 수박은 곯을 때 쉰내가 풍겨온다. 이런 사실을 알아야만 손님에게 "이 부분만 도려내고 드시면 괜찮아요", 혹은 "그건 못써요. 아까워도 그냥 버리셔야 돼요." 하고 조언을 해줄 수 있다.

혀를 단련시키려면 최상급 과일도 당연히 필요하다. 한번은 도매상회에서 제주산 애플망고를 고르는데 도매상인이 큰소리를 탕탕 쳤다.

"그거 무조건 맛있어. 맛볼 것도 없어."

사실 비싼 과일은 맛을 보기가 애매한 것이, 입을 조금 댔다가 박스 전체를 사야 하는 경우가 종종 있기 때문이다. 수박은 조금만 잘라 먹어도 한 통을 모두 사야 한다. 딸기 역시 마찬가지다. 줄 맞추어 팩에 들어 있기 때문에 하나를 빼 먹으면 티가 확 난다. 그래서 자신이 맛본 딸기는 팩 채로 사는 것이 예의다.

애플망고는 가격도 엄청 비싼 데다가 하나를 맛보면 박스 채로 사야 하는 까탈스러운 녀석이다. 그래서 상인이 '맛볼 것도 없다' 고 이야기를 한 것이다.

하지만 나는 허리춤에 있던 과일칼을 꺼내서 손에 들고 있던 망고를 대뜸 잘랐다. 옆에서 지켜보던 사장과 직원들은 입을 벌리고 쳐다만 볼 뿐이었다.

"야! 이게 얼마짜린데 칼을 대. 한 박스에 10만 원 넘는 거야. 나도 먹어보질 못한 건데!"

"사장님이 맛있다면서요. 먹어보지도 않고 어떻게 맛을 알았어요? 저도 처음 먹어봐요. 맛본 김에 핑계 삼아서 집에 한 박스 가져가려고요. 그냥 샀다고 하면 마누라가 가만있겠어요?"

"히야, 내가 장사하다하다 너 같은 놈은 처음이다."

결국 이날 우리 가족은 하나에 2만 원 하는, 어른 주먹보다 큰 애플망고를 처음 맛보았다. 아내는 연신 "미쳤어, 미쳤어." 소리를 하면서도 맛만큼은 최고라고 칭찬했다.

실제로 제주산 애플망고는 지금까지 먹어본 노란 망고와는 또다른 매력이 있었다. 향이 훨씬 풍부하고 부드러워 입 안을 오래도록 감미롭게 맴돌았다.

지금도 내 트럭 한쪽은 조금씩 도려낸 맛보기 과일들이 한자리를 차지하고 있다. 주변 과일가게와 시장에서 산 것, 도매상을 뒤져서 골라온 것들이다. 주변에서는 속도 모르고 "과일은 늘 좋은 것만 먹겠어요." 하고 말하지만, 아내는 "우리도 정품 좀 먹어보자"고 늘 투정이다.

나는 과일이 도자기와 같다고 생각했다. 도자기 감정하는 법을 익히려면 글로만 배울 수는 없다. 도자기를 깨뜨려도 보고, 금이 가게도 하면서 고급 도자기와 질 낮은 도자기가 어떻게 다른지 속속들이 들여다봐야 한다. 과일도 마찬가지여서 과일마다 선별법이 다르고, 평가 기준이 다르다. 먼저 혀와 눈을 단련시키지 않고서는 나중에 덤터기를 당할 수밖에 없다. 글로 장사를 배우려 하면 몸만 고생할 뿐이다.

최악의 점포를 떠맡다

야채가게에서 근무한 지 여섯 달쯤 되었을 때 사장님이 나를 불렀다.

"이번에 잠원동에 오픈하는 점포가 있는데 한번 가볼래? 내가 보니까 팀장으로 가도 되겠어. 가서 매장 한번 잘 만들어봐."

여섯 달 만에 팀장이 된다는 건 상당히 파격적인 승진이었다. 열심히 배우려 노력하는 모습, 저녁때면 남은 과일을 들고 나가서라도 파는 열정을 사장님이 좋게 봐준 모양이었다.

당시 시스템에서는 가게의 실질적인 소유주, 즉 점주는 따로 있되 매장 운영에는 관여를 하지 않았다. 하나의 매장을 책임지고 전체적으로 관리하는 것은 팀장의 역할이었다. 직원 관리에서부터 가게 운영, 매출 관리까지 모두 팀장이 관할했다. 한마디로 야전 사령관이라 할 만큼, 팀장은 막중한 자리였다.

새로 오픈하는 가맹점에 팀장으로 가게 되었다는 사실에 나는 마냥 들떴다. '최단 기간 승진, 최연소 팀장'이라는 타이틀도 가슴을 두근거리게 만들었다. 어떻게 보면 내 가게를 운영하는 연습을 미리 해본다는 의미도 있었기에 한층 더 의욕에 넘쳤다.

하지만 매장에 직접 가보고서 나는 잠시 할 말을 잃었다. 1980년대 초반에 지어진 상가 건물은 한눈에도 쓰러질 것처럼 낡아 보였다. 게다가 내가 맡은 매장은 지상도 아닌, 상가의 지하에 위치하고 있었다. 내려가서 살펴보니 상황은 상상 이상으로 암담했다.

어두운 형광등 불빛 사이로 곳곳에 깨진 천장보드가 드러나 보였다. 바닥도 다를 바 없었다. 걸음을 옮길 때마다 깨진 타일들 때문에 불쾌한 이물감이 느껴졌다. 압권은 하수구 사이를 제 집처럼 들락거리는 쥐들과 시커먼 바퀴벌레였다. 청결함과는 거리가 한참이나 먼 분위기였다. 6~7평 남짓한 허름한 점포를 보며 '이곳에서 과연 먹거리 장사가 될까?' 하는 걱정이 머리를 가득 채웠다.

게다가 지하가 유독 눅눅하고 후덥지근하다 싶어서 봤더니, 기가 막히게도 우리 매장 양쪽으로 떡집이 자리 잡고 있었다. 아침마다 두 집에서 떡을 찔 때면 수증기와 열기가 뿜어져 나와, 우리 가게는 물론이고 크지 않은 지하상가 전체가 찜통이 되었다. 유일한 환기시설은 천장에 달린 선풍기가 다였다. 이렇게 시설이 열악하다 보니 지하까지 내려와 물건을 사는 사람들은 얼마 없었다.

어쨌든 오픈 날짜는 정해졌다. 나는 최선을 다해 준비했다. 좋은 물건을 확보하고, 발이 아프게 돌아다니며 동네 주민들에게 전단지도 돌렸다.

하지만 기대 반, 우려 반으로 가게 문을 연 결과는 참담했다. 손님은 하루에 몇 명뿐이었다. 이 상태라면 첫 팀장으로 발령받아 오픈한 점포가 조만간 문을 닫을지도 모를 일이었다.

어떻게든 방법을 찾아야 했다. '만약 이 점포가 내 가게라면 어떻게 할 것인가?' 하는 생각을 잠시 해봤다. '오래된 지하상가라서 어쩔 수 없어', '손님이 안 오는 걸 어떻게 해?' 하며 두 손 놓고 있지는 않을 것이다. 가게가 문 닫지 않도록 뭐라도 해볼 것이다. 지금은 변명거리와 핑계를 찾아봐야 의욕만 떨어질 뿐이다. 나는 상황을 반전시키기 위해 어떻게 해야 할까를 고민했다.

리어카 모는 과일 장수 부대

가장 큰 문제는, 지하에서 판매하는 양만으로는 물건의 신선도를 유지하기 힘들다는 것이었다. 생물 장사는 물건을 빠르게 순환시켜야 신선도를 유지할 수 있다. 그래야만 손님들에게 '여기 물건은 항상 신선해'라는 인상을 줄 수 있다. 그래서 '그날 들어온 물건은 그날 다 판다'는 것이 철칙이다.

그런데 지금은 하루 판매되는 양이 너무 적었다. 그렇다고 판매량에 맞춰 물건을 조금만 들여놓는 것은 방법이 아니었다. 500만 원의 매출을 올리기 위해서는 700만 원 이상의 물건이 가게에 쌓여 있어야 한다. 남은 200만 원어치는 밖에 들고 나가서 '떨이를 쳐서'라도 다 팔아야 한다. 그래야 다음날 또 새로운 물건을 받아

올 수가 있다. 물건을 겁내면 장사도 소극적으로 할 수밖에 없다.

먼저 나는 지하에서 소화하지 못한 물건들을 밖으로 가지고 나와, 작은 다마스 차량에 싣고서 판매하는 방법을 써보았다. 하지만 그 지역은 주정차 단속이 워낙 심하고 노점 단속도 철저해서 노점 장사가 여의치 않았다. 장사를 하다 말고 도망만 다니다 시간을 다 버릴 판이었다.

매장에서 사용하는 다마스 차량은 특유의 색으로 도색한 데다가 상호까지 버젓이 적혀 있었다. 지하철역이나 사람들이 많이 오가는 자리에 차를 대면, 주변 상인들 눈에 거슬리지 않을 수가 없었다. 어김없이 신고가 들어왔고 나중에는 매장까지 찾아와서 시비를 거는 일이 벌어졌다. 단속반 역시, 노상에서 장사를 했다는 이유로 매장에 찾아와 경고를 주곤 했다.

그래서 궁여지책으로 준비한 것이 '리어카와 종'이었다. 널찍한 리어카를 네다섯 대 구매하고 옆구리에는 상호와 '리어카 1호차, 대파 한 단도 배달 가능'이라고 적힌 현수막까지 걸었다. 예전에 두부 장수들이 동네방네 종을 치며 두부 팔던 것에 착안한 아이디어였다. 사람들이 종소리만 들어도 '아, 과일가게 총각이 나왔구나.' 하고 알 수 있게끔 하고 싶었다. 이왕이면 제대로 된 종소리를 내고 싶어서 황학동을 뒤져 이거다 싶은 종을 확보했다.

나는 그 종을 최대한 방정맞게 흔들며 곳곳을 누비기 시작했다. 팀원들에게도 아침에 물건을 받아서 내려놓은 뒤 12시가 되면 모두 가지고 밖으로 나가도록 지시했다. 그렇게 각자 구역을 맡아서 리어카를 몰고 장사를 시작했다.

리어카는 만능 가게나 다름없었다. 지하철역이건, 아파트 입구건 원하는 대로 갈 수 있었다. 또 파라솔과 달리 바퀴 달린 리어카는 단속 대상이 아니었기에 행동이 훨씬 자유로웠다. 혹시라도 단속반이 뜨면 인도와 사유지 사이, 보도블럭의 색깔이 달라지는 경계에 서서 짐짓 모른 척을 했다. 눈치를 보다가 아파트 단지 내로 쑥 들어가도 단속반은 말릴 수가 없었다.

게릴라전을 방불케 하는 리어카 전략은 효과를 거두었다. 동네 어머니들은 우리의 방정맞은 종소리가 들리면 '과일 리어카 왔다'며 지갑을 들고 나오곤 했다. 일 매출은 눈에 띄게 뛰었다. 위에서 거의 포기하다시피 했던 점포는 그렇게 기대 이상의 실적으로 모두를 놀라게 만들었다.

하지만 나는 리어카만으로 만족할 수 없었다. 매출을 한층 더 끌어올리 위해서는 새로운 방법이 필요했다.

자투리 공간에서 하루 천만 원의 매출을 올리다

상가 1층의 주차장과 쓰레기 처리장 사이에는 꽤 너른 공간이 있었다. 나는 그 자리에 눈독을 들였다. 하지만 그 자리에서 과일을 팔고 싶다는 뜻을 내비치자, 상가의 가게 주인들은 대부분 못마땅해했다. 특히 지하 매장의 반발이 심했다.

"1층에 올라가서 장사하면 좋은 거 누가 몰라? 과일가게가 올라가면 우리도 가서 장사할 거니까 그렇게 알아."

나는 일단 지하상가 사람들을 내 편으로 만들어야겠다고 생각했다. 그래서 매일 양쪽 떡집에 가서 떡을 사먹으며 넉살 좋게 말을 붙였다. 두 군데 있는 식당에서는 아예 아침, 점심을 해결했고 정육점과 옷가게에도 우리 과일을 들고 수시로 찾아갔다. 어느덧 그들도 서서히 마음 문을 열기 시작했다.

마침내 지하상가 사람들은 내가 1층에 가서 장사하는 것을 허락했다. 단, 장사는 정오부터 해야 하고 관리실에서 요구하면 즉시 철수한다는 조건이었다.

우리는 즉시 1층의 자투리 공간에 천막을 치고 장사를 시작했다. 낮 12시가 되면 지하 매장에는 한 명만 남고, 나머지 직원들은 모두 물건을 들고 위로 올라갔다. 그렇게 늦은 밤까지 장사를 한 뒤에는 천막을 거두고 뒷정리를 한 뒤 하루를 마무리했다. 사실 아침저녁으로 자리를 이동하고 과일을 세팅한다는 건 쉬운 일이 아니었다. 하지만 이것이 살아남기 위해 넘어야 할 벽이라고 생각하자, 고단하다는 불평은 할 수 없었다.

1층에서의 장사는 한마디로 '대박'이었다. 상가가 낡긴 했지만 위치만큼은 더할 나위 없는 곳이었다. 지하철역에서 가까웠고, 아파트와 아파트 사이의 길이 만나는 작은 교차로에 자리해서 이동인구가 많았다. 도로에서도 잘 보였기에, 지나가는 차들도 잠시 정차하고 종종 과일을 사 가곤 했다.

우리는 멀리서도 보이도록 최대한 많은 과일을 풍성하게 진열했다. 그러자 지하에 있을 때는 과일가게가 새로 생겼다는 사실조차 모르던 사람들이 찾아오기 시작했다. 길을 가다 사람들로 북적이는 매대를 보고 덩달아 들어오는 손님도 많았다.

지하의 6평 남짓한 가게에서 하루에 올렸던 매출이 200만~300만 원이었는데, 지상의 천막 매대에서 장사를 시작한 후 매출이 세 배 이상 급증해서 1,000만 원을 훌쩍 넘기기 시작했다.

장사란 몸으로 부딪치는 일

하지만 '사촌이 땅을 사면 배가 아프다'고 했던가. 근처의 대형 마트에서 민원을 넣기 시작했다. 수시로 들어오는 민원 때문에 구청 직원들이 하루가 멀다 하고 찾아왔다.

"이렇게 천막을 치고 장사하시면 안 됩니다."

"여기 개인 사유지고, 주차장 용도인데 뭐가 문제예요."

"그래도 허가받지 않는 시설물은 불법입니다. 철거해주세요."

'그래, 천막이 문제란 말이지?'

그다음부터는 한여름에도 천막 없이 주차장 바닥에 팰릿(화물을 쌓거나 운반하는 사각형 틀)을 깔고 그 위에 과일을 진열했다.

그렇게 우리는 한 가지 길이 막히면 어떻게든 다른 방법을 찾아냈다. 팀원 모두가 똘똘 뭉쳐, 머리를 모으고 새로운 대안을 시도했다. 이런저런 시도를 할 때마다 비용도 만만치 않게 들었다. 하루는 점주가 매장에 나와서 은근히 지적을 했다.

"비품 처리가 왜 이렇게 많지? 뭘 할 때는 생각을 더 해보고 시작해야 되는 거 아니야?"

나는 이렇게 강변했다.

"장사는 머리로 하는 게 아니라 일단 부딪쳐봐야 한다고 생각합니다. 한 가지 방법을 찾기까지 다양한 시도를 하는 건 모두 투자라고 봅니다. 그만큼 매출이 더 오르도록 제가 책임지고 열심히 하겠습니다."

한 가지 방법이 성과를 나타냈다고 안주한다면 더 이상의 발전은 없다는 것이 내 생각이었다. 장애물이 나타나고 벽에 부딪칠 때마다 나는 그것을 돌파할 새로운 도구를 찾아냈다. 그리고 그 도구는 다른 누구보다 내가 먼저 사용해 보였다. 그래야 팀원들도 나를 따르고 신뢰할 것이기 때문이다.

잠원동의 지하 매장을 성공적으로 안착시킨 후 나의 위상은 한층 높아졌다. 가게를 새로 여는 점주들은 소문을 듣고서, 내가 자신의 점포를 맡아줄 것을 요청하곤 했다. 결국 나는 '오픈 전담 팀장'이라는 타이틀을 달고 열 군데가 넘는 매장을 차례로 담당하게 되었다. 해당 매장이 안정권에 들어설 때까지 보통 6개월, 길게는 1년 반까지 초기 운영을 도왔다.

물론 부담감이 상당했다. '혹시라도 잘 안 되면 어쩌지'라는 걱정이 안 들었던 매장은 한 곳도 없었다. 다행히도 모든 매장이 성공적으로 자리를 잡았고, 매번 치열한 전쟁을 치르면서 장사 노하우 또한 빠르게 쌓였다.

유난스러움이 다름을 만든다

과일 장사를 단순하게 여기는 사람들도 있지만, 가게를 열려면 준비할 것이 상당히 많다. 과일을 진열하는 일만 해도 그렇다. 손님의 동선을 고려해서 과일을 종류에 따라 알맞은 위치에 놓아야 한다. 그밖에 인력을 배치하고, 홍보 방법을 고민하고, 전단지를 제작하는 일 등, 어느 하나 만만한 것이 없다.

가장 중요한 것은 동네 성격에 맞는 물건을 가져오는 일이다. 과일이라는 것이 맛과 품질에 따라 가격이 천차만별인데, 미묘한 차이에 의해 그 동네에서 팔릴 만한 물건인지 아닌지가 갈린다. 그러니 어떤 품목, 어떤 품질등급, 어떤 가격대의 과일을 발주해야 할지 신중하게 따져봐야 한다.

동네가 아주 부촌이라면 오히려 큰 고민이 없다. 맛만 보장된다면 손님들이 가격에는 큰 구애를 받지 않기 때문이다. 반면에 중산층 지역이라면 주변의 경쟁 점포들과 눈치 싸움을 벌여야 한다. 과일 맛만큼이나 가격에도 민감하기 때문에 다른 가게에 비해 조금이라도 더 경쟁력 있는 상품을 갖추어야 한다.

당시 가게에는 구매를 전담하는 직원이 따로 있었다. 그 담당자가 일괄 구매를 하는 시스템이라 '눈높이 구매'를 하기가 힘들었다. 그래서 나는 남들보다 더 일찍 가게에 나와 구매담당자를 따라다녔다. 도매시장까지 쫓아가서 짐을 날라주고 허드렛일을 떠맡았더니, 나를 희한하다는 듯 쳐다보았다.

"야, 너 왜 이렇게 일찍 왔어. 아직 경매 시작도 안 했어. 새벽 2

시나 돼야 경매 시작이야."

"알아요, 형님. 그냥 잠도 안 와서 구경 삼아 왔습니다. 뭐 시킬 거 있으면 시키세요. 제가 힘은 좋잖아요."

나는 넉살 좋게 받아치며 은근슬쩍 내가 원하는 품목을 흘렸다.

"형님, 저번 수박 정말 맛있었어요. 손님들도 다들 최고라고 하더라고요. 그런데 저희는 그것보다 좀 작아도 되니 더 저렴한 걸로 안 될까요? 옆에 마트가 요즘 우리보다 싸게 파는데 괜히 밀리는 것 같아서요. 물론 형님이 구매한 수박이 맛은 최고지만, 가격에서 밀리니까 팀원들 자신감이 좀 떨어지네요. 부탁 좀 드릴게요, 형님."

덕분에 구매담당도 내 가게 물건은 좀 더 신경을 써주었다. 유난이라 하면 유난일 수 있지만 나는 그런 '유난'들이 내 상품, 내 매장에 작은 보탬이 되리라 믿었다. "여기 과일이 이 근방에서는 제일 신선해", "이 가게가 훨씬 싸더라"라는 입소문은 하루 만에 뚝딱 얻을 수 없는 법이니 말이다.

열아홉 살 생선 전문가

매장에서 주력으로 판매하는 종목은 과일이었지만 채소도 취급을 했다. 사실 나는 채소가 아주 중요한 품목이라고 생각했다. 과일은 가끔 먹는 사람들도 많지만, 채소는 매일같이 섭취해야 하기 때문이다. 그래서 나는 매장을 오픈할 때마다 점주들에게 다양한 채소를 적극적으로 판매해야 한다고 강조했는데, 점주들은 그리 달가워하지 않았다. 채소는 일단 큰돈이 안 된다는 인식 때문이었다. 회전율 낮아서 자칫하면 로스를 떠안아야 하는 부담도 컸다. 실제로 저녁때가 되면 팔고 남은 채소들을 원가도 안 되는 가격으로 떨이 처분하는 경우가 많았다. 나는 채소의 판매량을 획기적으로 늘릴 방법이 없을까 고민했다.

그래서 주목한 것이 생선이었다. 생선은 주부들이 밥상에 자주 올리는 단골 메뉴다. 생선을 사러 가게에 들른 손님들은 생선찌개나 탕에 곁들일 야채를 찾게 마련이다. 또한 나물이나 무침용 찬거리에도 관심이 많다. 옆에 구색을 갖춘 채소들이 있다면 자연스레 눈길이 갈 것이다. 그러니 신선한 생선을 제대로 판매하기만 한다면, 채소 판매량도 덩달아 뛸 것이라는 계산이었다.

당시 우리 가게에서도 생선을 판매하긴 했지만, 재래시장이나 대형 마트에 비하면 확실히 신선도가 떨어졌다. 생선을 담당하는 직원들도 전문성이 부족했다. 대부분이 어깨너머로 배운 사람들이라, 관리나 손질이 서툴렀다. 이대로는 안 되겠다 싶어 구인광고를 내서 '생선 전문가'를 모집했다. 광고를 보고 찾아온 사람들 중에는 나와 열 살 이상 차이가 나는 주형이라는 어린 친구가 하나 있었다.

"생선 팔아본 경험 있으세요?"라는 질문에 그 친구는 "예, 공덕 시장에서 생선을 팔았습니다." 하고 답했다.

"나이가 어린 것 같은데, 생선 일 몇 년이나 했어요?"

"중학교 졸업하고 바로 시장에 들어갔어요. 고등학교는 안 갔습니다. 홍어만 파는 집에서도 몇 년 일했고, 생선집에서도 일했습니다. 구매부터 진열, 판매까지 전부 해봤습니다."

"우리는 본사에서 구매를 다 해줘요. 판매만 하면 되니 힘들진 않을 거예요."

어느 정도 대화가 오간 후, 주형이는 점포의 생선 매대를 한번 구경해보고 싶다고 청했다. 그래서 지점으로 안내했더니 대뜸 이렇게 말했다.

"이런 물건은 팔기 힘듭니다. 가격이 비싸고 선도도 안 좋네요. 그리고 모든 매장이 똑같은 물건을 파는데, 이럴 거면 차라리 생선은 하지 않는 게 낫습니다. 시장에 가면요, 예상치 않은 생선이 나올 때도 많아요. 어떤 물건이 팔 만한지 그날그날 달라지는데, 어떻게 팔던 것만 쭉 파나요."

당당하고 거침없는 말투에 신뢰가 갔다. 나보다 한참 어린 친구였지만 경험만큼은 누구 못지않았고, 자신감도 상당했다.

"내일부터 바로 일 시작합시다. 구매는 본인이 알아서 하도록 맡길게요. 그 문제는 점장님께 잘 말해놓겠습니다."

주형이도 내 제안을 흔쾌히 수락했다.

새벽 시장의 생선 교실

'생선 동생'이라 부르게 된 주형이는 출근하면서부터 직접 도매시장에 가 물건을 구입했다. 판매도 자신이 모두 책임지고 하겠다고 자청했다. 주형이가 생선 다루는 걸 보면서 나는 장사에 또 한 번 눈을 뜨는 기분이었다.

한눈에도 정갈하다는 느낌이 들 만큼 생선을 깔끔하게 진열했고, 손질 솜씨 또한 일류였다. 구매에도 일가견이 있었다. 철에 맞고, 그때그때 손님들이 원하는 생선을 적절하게 구매했다.

봄철에는 암꽃게를 대량으로 사 와 팔았고 가을에는 수게를 구매했다. 때로는 생합, 대합, 멍게, 가리비 등 조개류를 모둠으로 팔기도 했다. 여름에는 1미터가 넘는 아주 큰 민어를 가지고 왔다. 그걸 손님이 보는 앞에서 포를 뜨고 탕거리로 손질해주기도 했다. 때로는 생 홍어를 사 온 다음 직접 손질하고 삭혀서 팔기도 했다. 홍어는 삭히는 과정이 까다롭고, 손질하는 법도 일반 생선과는 달라서 경험 없이는 다루기 힘든 품목이다.

나는 주형이에게 어떻게든 생선을 배워야겠다는 생각이 들었다. 나중에 내 가게를 하게 되면, 사장이 하나에서 열까지 다 할 줄 알아야 할 것이다. 안 그러면 직원이 바뀔 때마다 매뉴얼이 바뀌게 된다. 이렇게 솜씨 좋은 친구가 옆에 있을 때 배워놓지 않으면 언제 또 기회가 올지 몰랐다.

하지만 장사하는 사람들은 자기 노하우를 쉽게 공개하지 않는다. 특히 구매처나 구매 노하우 같은 소중한 정보를 거저 넘겨달라고 할 수는 없었다. 나는 일단 파고들 틈을 엿보았다. 당시 주형이는 차가 없어서 작은 스쿠터를 타고 시장에 갔다. 생선을 먼저 구매한 다음, 용달차를 이용해 나르는 방법을 쓰고 있었다.

그래서 나는 사심 없는 말투로 제안했다.

"주형아, 내가 새벽마다 시장에 태워다 줄까? 너 힘들잖아."

몇 번 이야기를 꺼냈는데도 번번이 곤란한 기색을 보이며 거절하는 통에, 어느 날은 무작정 트럭을 끌고 그 친구 집 앞으로 갔다.

"주형아, 얼른 나와. 차에 히터 틀어놨어. 콜라도 사놨다."

그렇게 어렵사리 시장까지 동행하는 데 성공했다. 하지만 섣불리 속보이는 행동을 했다가는 일을 그르칠 수도 있었다. 세 달 정도는 아무 말 없이 그저 운전기사 노릇만 했다. 생선 도매시장까지만 따라가서 나는 주차장에 트럭을 세우고 기다리는 날이 반복됐다. 한참을 그러고 있으면 도매상회 직원이 손수레를 끌고 나타났다. 우리가 구매한 생선을 배달해주는 것이었다. 이때를 놓칠새라 얼른 내려서 트럭에 물건 싣는 것을 도우며, 이것저것 궁금한 것을 물었다.

"생물 오징어는 어떤 게 좋은 거예요?"

"갈색이 이렇게 진할수록 좋죠. 봄철이 되면 총알오징어라고 작은 오징어 새끼들이 나오는데 그게 맛은 정말 좋아요."

"요즘 고등어를 보면 배가 말랑말랑하던데 오늘 것도 그러네요? 어떨 때는 또 단단하던데. 왜 그런 거죠?"

"고등어가 새우를 먹으면 배가 말랑해져요. 이런 것들은 가급적 빨리 파셔야 합니다. 새우는 빨리 부패되기 때문에 고등어도 안 좋아져요."

그렇게 그날 구매한 생선을 교구 삼아, 생선상회 직원을 스승삼아 공부를 했다. 생선이라는 것이 변덕이 심한 바다에서 잡히는 녀석들이라 그런지 변수도 많았다. 그처럼 생생한 지식을 즉각 얻을 수 있는 곳은 흔치 않을 터였다. 반겨주는 사람 없는 새벽 도매시장이 날마다 즐거운 이유였다.

생선 자르는 과일 장수

세 달 정도가 흐르자, 때가 됐다는 느낌이 들었다. 나는 한걸음 더 다가갔다.

"나, 그냥 너 짐 들어주고 따라다니기만 하면 안 될까. 트럭에 있으면 심심해서 그래. 시동도 못 거니까 춥기도 하고."

간신히 승낙을 받아낸 다음부터 또 몇 달을 무작정 따라다녔다. 생선 동생 주형이가 무엇을 사는지, 어떻게 고르는지 주의 깊게 살펴본 것은 물론이다. 어느 순간부터는 주형이도 마음을 열고 자기의 노하우를 슬쩍슬쩍 가르쳐주기 시작했다. 생선 손질하는 방법, 회 뜨는 법, 홍어 손질하는 법 등 내 질문에 자세히 설명을 해주었다.

지금이야 인터넷에 갖가지 동영상 강의가 올라와서 생선 손질법도 보고 배울 수 있지만, 당시만 해도 그렇지가 않았다. 나도 생선 칼을 잡고 말로 배운 내용을 직접 실습해보고 싶었지만 기회가 좀처럼 오지 않았다.

그러던 어느 날이었다. 장사를 하던 주형이가 앞치마를 벗어던지며 다가오더니 다급하게 말했다.

"형, 나 지금 집에 가야겠어. 집사람이 진통이 와서 병원 갔대.

애기 나오려나 봐. 형이 좀 팔아줘. 가격은 쓰여 있어."

그런데 막상 칼을 잡고 나니 머릿속이 하얘졌다.

"총각, 오징어 네 마리만 손질해줘."

"예, 어머니. 잠시만요."

"아니, 오징어를 그렇게 손질하는 사람이 어디 있어? 등을 갈랐잖아!"

오징어 하나를 파는 데도 진땀이 났다. 배 부분을 갈라서 내장을 빼주어야 하는데 반대쪽을 가르기도 하고, 어떤 손님은 오징어를 가르지 말고 통으로 달라고 했는데 나도 모르게 칼을 대기도 했다. 고등어도 만만치 않았다. 가운데 두꺼운 가시 부분의 뼈를 따라서 가지런히 칼을 타야 하는데, 자꾸만 살이 삐뚤삐뚤 너저분해졌다. 말로 들었을 때와는 달리, 생선 손질이 보통 어려운 것이 아니었다.

그날을 계기로 이후 1년 동안 나는 거르지 않고 생선 손질 연습을 했다. 삼치를 박스채로 사다가 트럭에서 손을 베어가며 연습하기도 했고, 꽃게 때문에 뼈가 보일 정도로 살이 찢어진 적도 있었다. 그때는 막연하게 '언젠가 다 도움이 되겠지'라고만 생각했는데, 실제로 얼마 지나지 않아 그 예상은 정확히 현실이 되었다.

녹슬었던 꿈이 깨어나다

무작정 장사에 뛰어든 지 어느새 6년이 흘렀다. 나를 행복한 장사꾼으로 만들어준 첫 일터. 일하는 기쁨과 열정을 배운 곳이었지만 어느 순간 회의가 들기 시작했다.

직원 한 명 한 명에게 꿈을 심어주고 도전을 독려하던 가게는 어느 순간부터 몸집 불리기에만 모든 에너지를 쏟고 있었다. 이미 기업 수준으로 덩치가 커져서 직원들의 작은 목소리에는 더 이상 귀를 기울이지 않았다. 나 또한 타성에 젖은 채 그저 잰 발걸음만 옮기는 기분이었다. 내가 무엇을 위해 이곳을 찾아왔는지는 점점 희미해졌다.

그 무렵, 함께 일하던 동료들이 솔깃한 제안을 해왔다. 본사에서 디자인 업무를 하던 선배와, 야채 구매담당으로 일하던 동갑내기 친구가 나를 조용히 부르더니 이렇게 얘기했다.

"우리가 여기를 나가서 새로운 가게를 해볼까 해. 새로운 브랜드를 만들고, 처음 우리가 일했던 그 분위기로 다시 시작할까 한다. 같이 해볼래?"

선배가 자본을 대고 나와 동료는 점원으로 들어가되, 장사가 잘되면 우리 둘도 가게를 열게끔 적극 도와주겠다는 제안이었다. 그 이야기를 듣는 순간, 가슴 속에서 무언가 따뜻한 것이 스르륵 퍼져나가는 기분이 들었다. 마치 내 안의 녹슬었던 '설렘'이 기지개를 펴는 느낌이었다.

'과연 잘될까?' 하는 불안과 염려도 뒤따랐다. 하지만 이대로 여기 멈춰 있다가는 '장사'라는 일에서 몸도 마음도 완전히 떠나게 될 것만 같았다. 무조건 움직여야 한다는 생각이 들었다.

02

150평 대형 슈퍼를 이긴
열 평 가게

"어머니, 클랙슨 한번 울려주세요"

우리 세 사람은 도곡동에 새로운
터전을 마련했다. 그렇게 6년 만에, 또 한 번의 도전이 시작되었다.
그야말로 맨땅에 헤딩이었다. 아무도 모르는 곳에서, 아무것도 없
는 상태에서 새롭게 시작하는 일이었다.

가게의 인테리어 공사를 하는 일주일간 우리는 홍보에 전념했
다. 유니폼을 맞추고 홍보용 자석스티커를 제작했다. 자석스티커
와 전단지를 그냥 뿌리기만 해서는 사람들이 유심히 봐줄 것 같지
않아, 바나나를 함께 주는 방법을 쓰기로 했다.

우리는 일주일 내내, 가장 비싸고 맛있다는 스위티오 바나나를
하루 한 팰릿씩 구매했다. 바나나를 두세 개씩 떼어서 상호가 새
겨진 비닐에 넣고 자석스티커와 전단지를 동봉했다. 이것을 잔뜩

48 트럭 모는 CEO

들고 거리로 나가 홍보용으로 모두 나누어주었다.

오픈 날짜가 하루하루 다가올수록 피가 마르는 듯했다. 때로는 악몽도 꾸었다. 가게 문을 열었는데 손님이 아무도 없는 꿈이었다.

지금도 눈에 선한 도곡동 가게의 오픈 날.

생선 담당인 나와 과일 판매를 맡은 동료. 그리고 점주 역인 선배와 부인까지 모두 네 명이 유니폼을 갖춰 입고 새벽부터 부지런히 손님 맞을 채비를 했다. 잠시 후 놀라운 일이 벌어졌다. 그동안의 우려를 한방에 씻어주듯, 손님들이 그야말로 물밀 듯이 밀어닥쳤다.

우리는 생선과 과일을 배달할 플라스틱 바구니를 준비했는데, 주문이 들어오면 홍보도 할 겸 바구니를 일부러 가게 앞에 줄 지어 세워놓았다. '여기 주문이 밀렸네. 장사 잘되는구나.' 하는 인상을 주려는 의도였다. 그런데 주문이 계속되면서 그 배달 바구니 줄이 끝도 없이 길어지더니 순식간에 3줄, 4줄로 늘어났다. 아파트 단지가 넓은 데다가 아이와 함께 온 손님들이 많아서 대부분은 배달을 택했던 것이다. 상가 측에서 이게 무슨 일인가 싶어 여러 번 찾아올 정도였다.

쌀만 해도 그날 준비한 10킬로그램짜리 59포대 전부가 하루만에 다 팔려나가고도 모자랄 지경이었다. 나는 생선을 팔다가도 장화를 신은 채 정신없이 배달 바구니를 들고 뛰었다. 식사는 엄두도 못 낼 정도로 하루가 숨 가쁘게 지나갔다. 나중에는 손님들에게 배달이 힘들다고 양해를 구해야만 했다.

"어머니, 죄송한데요 오늘 배달이 너무 많이 밀렸어요. 며칠간만 양해 좀 부탁드려요. 아니면 지나가다 클랙슨 한 번만 눌러주세요. 바로 차에 실어드릴게요. 정말 죄송합니다."

열 평 가게가 오픈 첫날 올린 매출은 무려 3,000만 원이었다. 장사를 마쳤을 때는 우리 모두 기진맥진해서 가게 바닥에 드러누웠다. 그렇게 누운 채로 한참을 정신 나간 사람들처럼 웃었다. 점주 선배는 눈물을 흘리며 연신 고맙다는 말을 반복했다.

더 주는 장사가 곧 남는 장사

대박 행진은 첫날 이후로도 계속 이어졌다. 일 매출은 800만~1,000만 원 사이를 안정적으로 오르내렸다.

20여 미터 떨어진 곳에 대형 마트가 있었지만, 우리는 나름의 경쟁력이 있었다. 본사에서 물건을 공급받는 경우와 달리 우리는 과일, 야채, 생선 모두 직접 발품을 팔아 조금이라도 더 신선하고 좋은 제품을 구입했다. 도매상과 흥정을 해서 가격은 더 낮추었다. 신선한 상품을 박리다매 할 수 있게 되니, 장사에 자신감이 넘쳤다.

생선 코너 담당인 나는 어떻게 해야 근처의 다른 가게들과 차별화를 할 수 있을지 고민했다. 동네가 부촌으로 유명한 도곡동이다 보니 단순히 가격만으로 승부할 수는 없었다. 이곳 손님들은 냉동

보다는 생물을 많이 찾았고 동태보다는 생태를, 그리고 동태전보다는 대구전을 선호했다. 여름철에 나오는 큰 민어를 손질해서 포를 뜬 것도 인기 품목이었다.

손님들의 취향을 고려하는 것 외에 '덤'에도 신경을 썼다. 찌개거리를 사는 손님에게는 홍합과 바지락, 고니, 미더덕을 서비스로 주었다. 물론 그렇게 하면 남는 것이 거의 없다. 하지만 찌개거리만 사려 했던 손님이 구이용이나 찜용 생선까지 함께 사게 되면이야기가 달라진다.

"어머니, 오늘 삼치가 크고 너무 좋아요. 그거 아세요? 삼치는 1미터 정도 되는 게 구이할 때 제일 맛이 좋아요."

"어머니, 오늘 밥상은 꽃게로 시작해서 꽃게로 마무리 어떠세요. 꽃게는 탕도 좋지만 요즘 꽃게는 찜으로도 끝내줍니다."

"이렇게 퍼주면 뭐가 남아", "바지락이랑 홍합 값은 낼게." 하고 사양하는 손님들도 있었다. 그러면 "어머님이 맛있게 드시면 그걸로 된 거죠. 괜찮습니다"라고 웃으면서 답했다.

젊은 주부들 중에는 찌개거리를 사면서도 '이걸 어떻게 요리해야 하나.' 고민하는 경우가 더러 있었다. 그럴 때는 "궁중의 비법으로 만든 양념 다대기를 드릴게요. 형님 몰래 넣으세요"라며 도매시장에서 맛있기로 소문난 다대기를 구입해놓았다가 서비스로챙겨주었다.

아이들의 놀이터가 된 생선가게

가장 고민이 되는 것은 아이들이었다. 엄마 손을 잡고 생선 코너에 들른 아이들은 대부분 인상을 찌푸렸다.

"준서야, 생선 사 갈까? 오늘 저녁에 고등어구이 어때?"

"나 고등어 싫은데. 햄이 좋아."

"서우야, 생선찌개 해 먹을까?"

"엄마, 징그럽게 생겼어. 그리고 생선은 냄새 나."

이렇게 아이들이 고개를 절레절레 흔들면 엄마들도 어쩔 수 없이 발걸음을 돌리기 일쑤였다.

어떻게 하면 아이들이 생선을 좋아하고 쉽게 다가올 수 있을까 고민한 끝에, 수족관을 놓기로 했다. 물고기들이 금방 죽지 않게끔 하려면 실외기까지 제대로 설치해야 했다. 또한 수족관의 높이는 아이들 허리 이하로 야트막했으면 했다. 그래야만 쉽게 구경하고 만질 수 있기 때문이다.

그렇게 내 생각을 반영한 작은 수족관을 특별히 맞춤 제작해서 매장에 가져다놓았다. 안쪽에 칸막이를 놓아서 여러 칸으로 나누고 아이들이 흥미를 보일 만한 수산물로 채웠다. 산낙지, 문어, 소라, 큰 대합, 멍게, 때로는 광어처럼 팔지도 않을 물고기까지 집어넣었다.

효과는 확실했다. 생선은 냄새 나서 싫다던 아이들도 살아 움직이는 물고기를 보고는 "우와~ 엄마 이거 봐!" 하면서 달려왔다. 물속으로 손을 쑥 집어넣는 아이에게 엄마들은 "만지는 거 아니야.

그렇게 만지면 죽어." 하고 야단을 했다. 그러면 나는 이때다 싶어, 큰 소리로 얘기했다.

"이거 파는 거 아니에요. 아이들 가지고 놀라고 해놓은 거니까 마음껏 만져도 됩니다. 아이들만 괜찮다면요."

그때부터 우리 가게는 아이들의 작은 아쿠아리움이 되었다. 어떤 아이는 산낙지를 애완용으로 키우고 싶다며 거의 매일 오다시피 했다. 산낙지라는것이 아무리 바닷물을 새로 넣어주어도 금방 죽기 마련이다. 그러니 아이는 낙지가 죽을 때마다 엄마를 졸라 가게로 오곤 했다.

"아유, 총각 때문에 우리 집은 매일같이 낙지 반찬이야. 어제도 애 아빠가 낙지 죽은 거 라면에 넣고 끓여 먹었잖아."

물고기 아저씨의 약속

아직도 보고 싶은 꼬마 친구가 한 명 있다. 상훈이라는 귀여운 남자아이였는데, 우리 가게에 처음 왔던 일곱 살 무렵까지 생선을 입에 대본 적이 없다고 했다. 그러다 나와 친해진 다음부터는 생선의 맛을 알게 되었다. '이제는 매일 생선이 없으면 밥을 안 먹는다'며 엄마는 뿌듯해서 아이 손을 잡고 고등어, 삼치, 갈치를 번갈아가며 사갔다.

어느 날엔가는 엄마가 머뭇거리며 이렇게 말했다.

"죄송한데요, 여기 옆에서 상훈이가 숙제 좀 해도 될까요? 아니, 얘가 유치원 숙제를 꼭 물고기 아저씨랑 하고 싶다고 그러네요…….."

나는 귀찮기는커녕 상훈이의 마음이 너무 고맙고, 또 기뻤다. 축축하고 비린내도 나는 가게 바닥에 아이는 정말로 상자를 하나 가져다 놓고 앉아서 숙제를 했다. 이후로도 상훈이는 종종 가게에서 숙제를 하고 나와 이야기도 나누면서 시간을 보냈다.

또 어느 날에는 상훈이 엄마가 조심스레 부탁을 해왔다.

"유치원에서 숙제가 있는데요, 자기 꿈을 생각해보고 그 업종에 종사하는 분을 인터뷰해 오라네요. 얘가 물고기 아저씨 같은 생선장수가 되는 게 꿈이라고 해서요. 상훈이와 잠깐 인터뷰 좀 해주실 수 있을까요? 영어유치원이라 상훈이가 영어로 질문할 텐데, 제가 해석을 할게요. 바쁘신데 죄송해요."

나는 당연히 승낙했다. 무엇보다 엄마가 참 멋진 사람이라는 생각이 들었다. 아빠는 큰 대학병원의 의사이고 엄마도 유명한 변호사인데, 생선장수가 되고 싶다는 아이의 꿈을 기꺼이 존중해준다는 것이 말처럼 단순한 일은 아니리라. 그 꼬마 친구를 통해 나는 장사꾼의 자부심과 일하는 보람을 새삼 느꼈다.

나중에 그 가게를 떠나게 되었을 때, 나는 상훈이 엄마에게 대신 작별 인사를 전했다.

"제가 내일부터는 가게에 없을 거예요. 상훈이한테 인사도 못하고 가서 어쩌죠. 미안하다고 꼭 좀 전해주세요. 그동안 너무 감사했고 상훈이 덕분에 참 즐거웠습니다."

며칠 뒤, 아이 엄마에게서 전화가 왔다.

"물고기 아저씨가 간 뒤로 상훈이가 울기만 하고 밥도 안 먹어요. 통화 한번 부탁드려요."

"그래요? 제가 내일 가겠습니다. 전해줄 것도 있고요."

다음날 나는 입학을 앞둔 상훈이를 위해 문구세트를 선물로 준비해서 도곡동을 찾았다.

눈물이 그렁그렁한 아이를 꼭 껴안아주고 이렇게 말했다.

"상훈아. 물고기 아저씨가 다음에 꼭 여기서 생선가게 다시 할게. 그때까지 밥도 잘 먹고, 운동도 하고, 공부도 열심히 해야 돼. 더 멋지고 건강해져서 또 만나야지. 약속하는 거다?"

아이와 손가락을 걸고서 돌아서는 내 눈에서도 눈물이 흘러내렸다.

앞치마 차림으로 눈길을 내달린 이유

　　장사라는 게 매번 내 생각대로만 술술 풀리는 건 아니다. 장사꾼은 고객 한 명 한 명에게 자기의 얼굴을 걸고 물건을 판다. 그렇기에 손님 입장에서 혹여 실망하거나 서운한 일이 생기면 인연이 그대로 끊어질 수 있다. 만약 그 손님 주변의 다른 사람들에게까지 나쁜 소문이 흘러 들어가면 문제는 더 커진다. 그래서 장사꾼은 매번 진심을 다해야 하고 성의를 보여야 한다.

　　한번은 우리 가게 단골손님 한 분이 '특별히 신경을 써달라'며 생태를 주문했다. 연말이라 귀한 손님이 외국에서 오는데, 한국적인 메뉴를 고민하다 생태찌개를 끓이기로 했다는 것이다. 나도 덩달아 마음이 쓰여서 평소보다 서비스를 더 많이 챙겨주었다. 바지락에 홍합, 고니에다가 알을 따로 챙기고 '비장의 맛'을 낸다며 생합까지 얹었다.

　　생선찌개에 생합을 넣는 것은 어머니에게서 배운 노하우다. 충청도가 고향인 어머니는 생선을 썩 즐기지 않았지만, 아버지가 마산 분이다 보니 생선 요리가 식탁에 자주 올라왔다. 그중에서도 어머니의 생태찌개나 동태찌개는 식당을 차려도 되겠다는 소리를 들을 만큼 기가 막혔다. 국물이 텁텁하지 않고 시원했는데, 비결은 바로 생합이었다. 그래서 손님에게도 생합을 듬뿍 챙겨주었다.

　　그런데 손님이 돌아가고 얼마 안 있어 가게로 전화가 왔다.

　　"물고기 총각, 생태가 이상한가, 내가 이상한가 모르겠네. 찌개를 끓였는데 하수구 냄새가 나. 어떻게 하지? 조금 있으면 손님 오는데…….”

순간 정신이 번쩍 들었다. 아무리 생각해봐도 그럴 리가 없었다. 생태는 최상급이었고 다른 재료들도 모두 갓 구입한 싱싱한 것들이었다. 내가 덤으로 뭘 넣었는지 하나하나 떠올려보다가 문득 ‘혹시 생합이?’ 하는 생각이 들었다. 서둘러서 생합을 모두 꺼내보았더니, 대부분 싱싱했지만 그중 두세 개가 죽어 있었다. ‘아차!’ 싶었다.

생합은 살아 있을 때 찌개를 끓이면 맛이 시원하고 깊어지지만, 일단 죽고 나면 아주 고약한 냄새가 진동한다. 생합이 문제였던 것이다.

‘찌개에 들어간 생태는 이제 못 쓸 거고, 야채도 모두 사용하셨을 텐데, 어쩌지?’

머릿속이 복잡했다. 일단 가장 싱싱한 생태를 다시 손질한 뒤, 근처 마트로 무작정 뛰었다. 긴 방수 앞치마에 장화까지 신은 채였다. 찌개에 넣을 채소들을 서둘러 구입한 뒤 밖으로 나와 다시 달리기 시작했다. 한겨울에 눈까지 온 뒤라 거리가 빙판 같았지만 신경 쓸 겨를이 없었다. 장화 때문에 눈길에 연신 미끄러지고 넘어질 때마다, 손에 든 생선과 야채가 상할까 봐 온몸으로 구르다시피 했다.

잠시 후, 숨을 헐떡이며 집 앞에 서 있는 내 몰골을 보고서 손님은 깜짝 놀랐다.

"아이고, 얼굴이 왜 그래요. 앞치마가 다 뜯어졌네. 아이 참, 사람이 왜 이렇게 미련해~ 내가 너무 미안하잖아."

그날 영업을 마칠 무렵, 전화가 걸려왔다. 새로 구해다 준 재료 덕분에 손님을 무사히 잘 치렀다고, 서비스로 준 갈치도 너무 맛있었다며 다들 생선 한 조각 남기질 않았다고 이야기를 전해주었다. 그러고도 마음이 쓰였는지, 그 손님은 며칠 뒤 백화점에서 명품 가죽장갑을 사서 선물해주기도 했다.

그렇게 우리 가게에 감동을 받은 손님은, 이후 최고의 홍보대사가 되어주었다. 또한 선물을 하거나 잔치를 치를 때면 우리 가게의 생선을 늘 애용하곤 했다. 아직까지도 나는 이분과 문자로 가끔씩 안부를 묻곤 한다.

생선가게에서 펼쳐진 정탐전

어느덧 우리 가게는 '생선 물이 끝내주는 곳', '생선에 피 한 방울 없이 깔끔하게 손질해주는 곳'이라고 동네에 소문이 났다. 청과 파트도 장사가 잘 되는 편이었지만 생선 코너는 특히 늘 문전성시를 이루었다.

그런데 어느 날부턴가 손님들 틈으로 이상한 사람들이 눈에 띄기 시작했다. 손에 수첩을 들고 뭔가를 열심히 적는 사람, 그리고 상사로 보이는 남자가 뭔가를 속닥거리며 지시를 내리는 모습도 보였다. 알고 보니 주변의 백화점과 슈퍼마켓에서 '견학'을 나온 사람들이었다.

인근에는 국내 최고급 주상복합으로 명성이 높은 아파트가 있었고, 그 아파트 지하에는 '30만 원짜리 수박'도 순식간에 팔려나간다는 150평 규모의 대형 슈퍼마켓이 있었다. 그 슈퍼의 수산물 코너 직원들과 백화점 직원들이 아침부터 우리 가게를 정탐하러 온 것이다. 내가 아침 일찍 생선을 내리는 것부터 장사하는 모습까지 유심히 관찰하며 진지하게 의논하는 모습에 나는 웃어야 하나 울어야 하나, 알 수가 없었다.

손님들도 수군거렸다.

"저 사람들 왜 그래요? 무슨 일 있어요?" 하고 묻는 손님도 있었고 "어머, 나 저 집 단골인데 여기서 마주쳤네. 미안해서 어째? 내가 나중에 전화로 주문할게." 하면서 슬며시 자리를 뜨는 사람도 있었다.

그렇게 열 평짜리 좁은 가게 앞은 북적이는 손님들과 기웃거리는 장사꾼들로 하루하루 재미있는 광경이 펼쳐졌다.

갈치 전쟁을 선포하다

얼마 후 그 대형 슈퍼의 수산물 코너에 새로운 직원이 왔다는 소문이 들려왔다. '진짜 장사 잘하는 사람'을 새로 뽑아서 아주 공격적으로 나섰다는 것이다. 도곡동 일대의 최고급 마트가 작은 동네 가게에 밀린 것이 못내 자존심 상했던 모양이다. 그 이야기를 들으니 나도 승부욕이 발동했다.

다음날 새벽, 도매시장에 간 나는 단골 상인에게 대뜸 물었다.

"이모, 오늘 갈치 몇 짝 있어?"

"왜. 배 사장이 다 사주게?"

"상회에 남은 거 다 모으면 얼마나 돼?"

"3킬로짜리 88짝 나와. 그거 뭐하러 물어?"

당시 갈치가 큰 것이 한 짝에 5만 원이었으니, 88짝이면 400만 원 가까운 금액이었다.

"다 실어."

"아이고, 미쳤나배. 88짝을 어떻게 다 팔려고."

"이모, 걱정하지 마. 팔면 되지."

"못 판다니까!"

"팔면 된다니까!"

결국 갈치 88짝을 싣고 가게로 들어오자 선배의 얼굴이 대번에 일그러졌다.

"너, 이거 어쩌려고 그래? 우리 냉장고도 없어서 오늘 내로 못 팔면 끝인 거 알지?"

계산대에 앉아 있던 형수도 한숨을 푹 쉬었다.

나는 아랑곳하지 않고 갈치 한 마리를 꺼내 스카프처럼 목에 두르고 장사에 나섰다.

그날 하루는 갈치만 팔겠다고 마음먹고 사방을 갈치로 장식했다. 촉촉한 갈치에 '세일'이라고 쓴 종이를 붙인 다음, 복도에 놓인 조경수에 낚싯줄로 매달았다. 간판에도 갈치를 걸고 허리에도 칼처럼 갈치를 찼다.

"어머, 이게 뭐야. 갈치가 열리는 나무네."

"오늘 하루만 갈치가 열리고요, 내일부터는 또 뭐가 열릴지 몰라요."

"물고기 총각, 목에 그거 너무 웃긴다."

"어머니, 어때요. 제가 스카프 하나 장만했어요."

당시 나는 단골손님들에게 그날그날 핸드폰으로 홍보 문자를 보내곤 했다. 생선의 종류뿐 아니라 구이, 찌개, 찜 등 어떤 요리를 좋아하는지도 알아두었다가, 물 좋은 생선이 들어오면 손님들 취향에 맞추어 문자로 안내했다. 그날의 문자는 당연히 '오늘은 갈치의 날'이라는 내용이었다. 특별 세일을 한다는 소식에 손님들은 서둘러 가게로 나왔다.

그날의 '갈치 파티'는 대성공이었고, 갈치 88짝은 거짓말처럼 모두 사라졌다. 그리고 얼마 후, 우리와 경쟁을 벌이던 슈퍼의 수산물 코너는 문을 닫았다.

함께 일군 가게에 작별을 고하다

매출이 오를수록 '내 가게'를 열겠다는 꿈도 가까워졌다는 희망이 솟았다. 그런데 이상한 일이었다. '우리는 한 팀'이라고, '네 가게를 꼭 열어주겠다'고 장담하던 선배가 변하기 시작했다. 명색이 과일가게인데, 손님마다 입구에서부터 "오늘 생선 뭐 있어요?" 하고 묻는 것이 선배는 싫다고 했다.

"야, 과일가게 간판 떼라. 이게 무슨 과일가게야, 생선가게지."

못마땅한 듯 투덜거리는 선배가 이해가 되질 않았다. 생선이 되었든, 과일이 되었든 자신의 가게인데 손님들이 와주는 것만으로도 감사할 일이 아닐까. 사소한 일에도 꼬투리를 잡고 인상을 쓰는 선배를 보며, 어느 순간 '약속을 지킬 마음이 없어졌구나.' 하는 것을 느낄 수 있었다.

디자이너 출신인 선배는 장사 경험이 없었기에, 주로 배달을 담당했다. 물건을 구매하고 파는 건 다른 두 사람의 몫이었는데 어느 순간 여기에 불만을 품는 듯했다. 특히 청과 파트 담당이 자리를 비우면 온갖 험담을 내게 늘어놓았다.

"요즘 사 오는 과일이 뭐 이리 비싸. 영수증 가짜로 써달라고 해서 '삥땅' 치는 거 아냐?"

"난 밥도 못 먹고 배달하는데, 쟤는 꼬박꼬박 밥 챙겨 먹고 시장 갔다가 느지막히 오고……. 이래서 장사가 되겠어?"

주변의 다른 가게 사장들에게서 '직원을 내보내면 인건비를 줄일 수 있다'는 귀띔을 들은 후로는 마음이 더 흔들리는 듯했다. 어느 날 처음 보는 사람이 우리 가게로 과일을 들여다 놓았다.

"당분간 이분이 몇 가지 물건을 갖다 주실 거야."

나중에는 생선까지 다른 곳에서 장사하는 사람이 대주기 시작했다. '이건 아니다.' 싶은 기분이 점점 또렷해졌다.

결국 청과 담당이 가락시장에서 점심때가 훨씬 지나 돌아온 날, 일이 벌어졌다.

"네가 뭐 그리 대단한 일을 한다고 이렇게 농땡이야! 너 없으면 장사 못하는 줄 알아? 이번 달까지만 나오고 그만둬!"

동료가 떠밀리듯 가게를 나간 뒤, 곧이어 나도 선배에게 작별을
고했다.

장사라는 길을 택한 후 두 번째로 맞는 갈림길이었다. 지금까지
이 길을 걸어오는 동안 최선을 다하지 않았던 순간은 없었다. 길
의 끝에는 늘 단단히 영근 열매가 기다리고 있으리라 생각했지만,
이번에도 기대는 어긋났다.

이제는 새로운 이정표를 따라야 할 때였다. 사람에 대한 섭섭함,
미뤄진 꿈에 대한 아쉬움은 남았지만 떠나는 발걸음은 가벼웠다.
제대로 훈련을 마쳤으니 이제 모든 준비가 되었다는 생각이었다.

03

허허벌판 위의
과일가게

'오기'로 선택한 가게

도곡동 가게를 그만둘 무렵, 아는 후배에게서 강남역 인근에 있는 마트를 한곳 소개받았다. 청과, 야채 코너의 매출이 너무 저조해서 분위기를 반전시켜줄 사람을 찾고 있다고 했다.

'일단 한번 가보자.' 싶어 마트를 찾아갔는데, 생각보다도 상황이 심각했다. 장을 보러 오는 손님이 하나도 없어 썰렁한 가운데, 팔다 못해 쳐져 있는 과일들이 듬성듬성 진열돼 있었다. 채소는 도대체가 취급을 하는 건지, 안 하는 건지 알 수 없을 만큼 구색이 형편없었다.

밖으로 나와 한 바퀴 둘러보았다. 위치도 참 난감했다. 주변이 온통 상업시설 뿐, 아파트나 주거 단지가 시야에 전혀 들어오지 않았다. 손님을 끌어모으기가 힘들 수밖에 없었다. 마트 주인에게 물어보니 하루 청과·야채 코너의 매출이 20만 원이 채 되지 않는 다고 했다.

그런데 희한하게도 그 상황에서 오기가 발동했다.

'그래, 지금까지는 목 좋은 데서 실컷 장사했잖아. 이런 곳에서 한번 해봐야 앞으로 내 장사도 잘할 수 있을 거야. 해보자.'

나는 더 생각하지 않고 덥석 승낙했다.

유리 지갑을 열어라

가게에 출근하기로 하고 주변 조사를 더 해 보았다. 볼수록 답이 나오질 않았다. 마트는 꽤 넓은 편이었고 주차 공간도 넉넉히 확보돼 있었다. 문제는 주변 환경이었다. 바로 옆은 음료회사의 큰 물류창고였고, 뒤로는 넓은 공원이 있었다. 강남역 주변에 이런 공원 시설이 있었나 할 정도로 규모가 컸다. 그밖에 골프연습장과 고급 스포츠센터가 인근에 있었고, 큰 길을 건너면 S전자와 S물산의 본사였다. 그러니 온통 회사원 아니면 운동하는 사람들만 오갈 뿐, 장 보러 나오는 주부들은 찾아볼 수가 없었다.

더욱이 마트의 위치가 워낙 외져서 일부러 찾아오지 않는 한, 오다가다 들르게 될 만한 곳이 아니었다. 손님이라고는 강남역 주변에 볼일이 있어 왔다가 차를 대러 온 이들이 대부분이었다. 주차비 대신으로 음료나 담배 하나 달랑 사고 나가는 식이었다. '아니, 애초에 어떻게 이런 곳에다 마트를 할 생각을 했을까?' 하는 의문이 들 정도였다.

그나마 마트가 가장 붐비는 시간은 점심때였다. 근처 회사의 직원들이 점심식사 후 공원을 산책하다가 음료나 아이스크림을 사러 들르곤 했다. 유리 지갑인 직장인들은 회사 근처의 비싼 편의점보다 '아이스크림 50퍼센트 상시 세일'을 하는 이곳 마트를 선호했다. 덕분에 담배도 매출이 상당히 높은 편이었다.

나는 이들을 먼저 공략해보기로 했다. 회사원들이 퇴근길에 무거운 과일을 사들고 가진 않겠지만, 낮에 간식거리로는 충분히 소비를 할 법했다. 워크샵이나 미팅이 있을 때도 과일을 주문할 수 있고, 물건만 괜찮다면 택배를 이용해서 집으로 과일을 배송할 수도 있을 듯했다.

'직장인들 사봐야 얼마나 사겠어. 워크샵이 매번 있는 것도 아니고.'

여기서 이런 생각을 하고 접었다면 아마 더 이상의 발전이 없었을 것이다. '고민이 될 때는 일단 하라'는 것이 내 철칙이었기에 나는 팔을 걷어붙였다.

입맛 버리기 작전
내가 떠올린 작전명은 바로 '입맛 버리기'였다. 돈을 내든 안 내든, 일단 먹어보게끔 만드는 것이 내 목표였다.

나는 매일 아침 마트 문을 열기 전에 '컵과일'을 200~300개씩 준비해서 세팅했다. 그날그날 가장 맛있는 과일을 두세 가지 정도 작게 썰어서 종이컵에 담았다. 어떤 날은 수박과 포도, 어떤 날은 방울토마토와 멜론, 오렌지와 사과 등 품목을 바꾸어가며 계속 무료 시식회를 열었다.

컵과일을 진열해놓은 매대 옆에는 피곤한 직장인들을 응원하는 글귀를 적어서 세워놓았다. 조금이라도 부담 없이 과일을 맛보라는 의미였다.

'남은 업무 시간, 과일 드시고 힘내세요!', '누군가에게 당신은 세상의 전부입니다'.

손님들의 반응은 예상대로 뜨거웠다. 무료인 것도 기분 좋은데, 맛까지 최상급이었으니 다들 한목소리로 칭찬을 했다.

"어머, 나 이런 꿀수박 어렸을 때 할머니 집에서 먹어보고 처음이야."

"토마토가 어떻게 맛이 이래? 짭쪼름하기도 하고 달기도 하고. 토마토도 맛으로 먹겠는데?"

"이거 생과일 아니고 설탕에 절인 거 아니야?"

누군가는 "여기 파는 것들은 다 당뇨 걸린 과일인가 봐"라며 우스갯소리를 하기도 했다.

'공원 옆 마트에서 점심때마다 맛이 끝내주는 컵과일을 나눠준다'는 소문은 빠르게 퍼졌다. '돈 안 되는 손님'들은 갈수록 늘어났고, 마트 주인은 따가운 시선을 보내기 시작했다. 사입하는 과일의 양은 점점 늘어나는데 모두 컵과일로 나가고 매출에 반영이 안 되니 그럴 만도 했다.

"이러다가 파는 것보다 공짜로 주는 게 더 많겠다. 이제 그만해도 되지 않아? 언제까지 이렇게 퍼줄 거야."

주인이 눈치를 줄 때마다 나는 이렇게 능쳤다.

"사장님, 조금만 더 기다려보세요. 매출이 안 오르면 제 급여 반납할게요."

한두 번으로는 사람들의 입맛을 바꿔놓을 수 없는 법이기에, 시간이 더 필요했다. 컵과일을 찾는 손님이 너무 많아져서 다 감당하기 힘들어지자, 하루에 나누어줄 양을 정했다. 수박은 하루 다섯 통, 방울토마토 두 박스, 멜론은 세 박스, 바나나 한 박스 하는 식이었다. 그러자 컵과일이 다 나갈까 봐 서둘러 뛰어오는 사람들도 생겼다.

"어머, 벌써 다 없어졌네요?"

"네. 오늘 준비한 것은 다 나갔네요. 죄송합니다."

"그러지 말고 컵과일도 판매를 하면 어때요?"

"아닙니다. 이건 판매용이 아니라 맛보기용이라서요."

실제로 컵과일은 내가 파는 과일이 얼마나 맛있는지 알리고, 과일의 전체 매출을 늘리는 것이 목적이었다. 게다가 컵과일을 판매하기 위해서는 별도의 절차가 필요했다. 자른 과일이나 말린 과일의 경우 가공식품으로 분류되기 때문에, 구청 보건위생과의 심의를 거쳐야 했다. 그래서 애초에 판매를 고려하지 않았던 것이다.

공짜 손님들의 치열한 경쟁을 보면서 '입맛 버리기 작전'이 제대로 효과를 드러내고 있음을 확인했다.

카드 한도가 남았을 때는 과일가게로

변화가 피부로 느껴지기 시작한 것은 한 달쯤 지날 무렵부터였다. 근처 회사가 대기업 본사다 보니, 각 팀마다 제공받은 법인카드로 회식비 등을 결제하곤 했다. 특히 매달 카드 한도가 남으면 간식을 한꺼번에 구입했는데, 그 돈을 쓰러 우리 마트로 오는 손님들이 부쩍 늘었다.

어떤 이들은 온라인 사내 게시판에 우리 과일을 추천하는 글을 올리기도 했다. 덕분에 부서별 간식이나 워크샵용으로 팔리는 과일의 양이 점점 많아졌고, 집에서 식구들과 먹을 과일을 사기 위해 일부러 발걸음을 하는 직원들도 생겨났다.

언뜻 생각하기에 '가정집도 아니고 회사에서 과일을 사면 얼마나 사겠어?' 싶겠지만 직장인들의 구매력은 결코 무시할 수 없는 수준이었다. 초복 같은 날은 한 통에 3만 원가량 하는 특대 수박이 500통이나 팔렸고, 귤 철에는 하루에도 50~70박스씩 귤이 나갔다. 귤은 칼 없이도 간편하게 먹을 수 있는 과일이라 특히 선호도가 높았다. 임원 비서실에서 접대용 과일을 주문하기도 했고, 회사의 큰 행사 때문에 대량 주문이 들어오는 경우도 잦았다.

그렇게 하루 매출이 고작 20여 만 원이던 청과 코너는, 내가 입사한 지 세 달 만에 매일 200~300만 원의 매출을 올리게 되었다.

88만 원짜리 사우나의 효과

회사원들을 타깃으로 삼은 첫 번째 전략이 성공을 거둔 후, 나는 또 다른 고객층 탐색에 나섰다. 내 레이더망에 걸린 것은 매장에서 50미터 정도 떨어진 곳에 있는 스포츠센터였다. 회원 수가 꽤 많아 보였고 고급 승용차들이 들락거리는 것으로 보아 회원들의 구매력도 상당할 듯했다. 이곳을 공략한다면 매출이 또 한 번 껑충 뛰겠다는 생각이 들었다.

'호랑이를 잡으려면 호랑이 굴에 가라'는 말이 있던가. 나는 일단 센터에 등록해야겠다고 마음먹었다. 안내 데스크에 물어보니 한 달치 이용권이 부가세 포함 88만 원이라는 답이 돌아왔다. 혹시 8만 8,000원을 잘못 들은 게 아닌가 하고 재차 확인했지만, 가격은 정확히 88만 원이었다.

'내가 사는 동네에서는 제일 좋은 헬스장이 한 달도 아니고, 1년에 30만 원인데……'

속이 쓰렸지만 여기서 돌아설 순 없었다. 아내에게 말하면 등짝을 얻어맞을 것이 뻔했다. 그렇다고 마트 측에 비용을 지원해달라고도 할 수 없는 노릇이었다. 어쩔 수 없이 친구에게 돈을 빌려 스포츠센터에 등록했다.

새벽에 도매시장에서 돌아오는 시간을 조금 앞당겨, 새벽 5시면 이곳에 가서 운동을 했다. 갈 때마다 한 손에는 그날 팔 물건 중 가장 맛있는 과일을 한 봉지씩 챙겼다.

운동을 마치면 호텔 저리가라 할 만큼 시설이 뛰어난 센터 내의

사우나로 향했다. 남탕의 '삼촌' 직원들에게 과일을 건네며 슬쩍 말을 붙였다. 대부분은 우리 마트에 들렀던 사람들이라, 이미 안면이 있었다.

"형님들, 힘드실 텐데 이거 드시면서 하세요. 넉넉히 드릴 테니까 손님들도 나눠주시면 더 좋고요. 여탕 이모들께도 제 얘기 좀 잘 해주세요."

매일 새벽 신선한 과일을 공수해서 나른 효과가 있었는지, 스포츠센터 직원들은 회원들에게 우리 과일을 적극 홍보해주었다.

"이거 저기 마트에서 가져다준 거예요. 맛 좀 보세요. 이 근방에서는 여기 과일이 제일 괜찮더라고요."

덕분에 이곳의 회원들이 하나둘 우리 마트로 발걸음을 하기 시작했다. 어머니들은 식구들과 먹을 간식을 샀고, 남자 손님들도 종종 들러서 선물용 상품을 주문하곤 했다. 경제적인 여유가 있는 이들이어서인지 씀씀이도 남달랐다. 수박을 구매해도 지인들과 나누어 먹는다며 서너 통을 선뜻 구매했고, 맛만 좋다면 가격은 따지지 않았다.

어느 순간 매출은 두 배로 껑충 뛰어올라 일 매출이 400만 원을 넘어섰다. 이제 나를 향한 사장의 시선은 그렇게 따뜻하고 부드러울 수가 없었다.

"아이고, 고생했어. 정말 대단하네. 나는 스포츠센터는 생각도 못했어. 아주 사막에 가서도 난로를 팔 사람이라니까."

장바구니 손님 끌어모으기

매출을 극적으로 끌어올리는 데 성공한 뒤에도 아쉬움은 남았다. 고정적으로 장을 보러 오는 손님들이 아니다 보니, 수요가 과일에 치중되었다. 야채는 아무리 싸게 팔아도 관심조차 없었다. 가장 큰 문제는 계절을 탄다는 것이었다. 한여름이나 한겨울에는 회사원들이 사무실을 벗어나려 하지 않아서 마트에도 걸음이 뜸했다. 휴가철은 특히 타격이 심했다.

스포츠센터의 회원들도 마찬가지였다. 여행을 즐기는 사람들이라, 날씨가 너무 더워지거나 추워지면 해외로 훌쩍 떠나서 한동안 얼굴을 보기 힘들었다.

비가 오나 눈이 오나 가게를 애용해줄 사람들, 집에서부터 장바구니를 들고 직접 마트로 장을 보러 오는 고정 손님이 절실했다. 하지만 가장 가까운 아파트도 가게와 1킬로미터는 떨어져 있었다. 게다가 그 아파트 단지 인근에는 규모가 큰 마트들이 네 군데나 있었다. 네 곳 중 하나는 유명 대기업에서 운영하는 마트였고, 다른 세 곳은 배달 차량과 오토바이를 수시로 운행했다. 아침에 물건을 하역할 때 가서 슬쩍 보니 양이 꽤 많았다. 절대 포기할 수 없는 상권이었다.

나는 먼저 그곳 마트를 차례로 순회하면서 과일과 야채의 상태를 살펴봤다. 주부들이 가까운 가게를 놔두고 우리 마트까지 오게끔 만들려면 무엇으로 승부를 걸어야 할까 고민했다. 가장 큰 숙제는 매장에서 취급하는 모든 품목이 고루 경쟁력을 갖추어야 한다는 것이었다. 거기에 우리 매장만의 특색을 덧입힌다면, 충분히 승산이 있을 듯했다.

당시 우리는 제주시와 협약을 맺고서 특산품을 독점적으로 공급받는 마트 중 하나였다. 지역 특산품을 홍보하고 판매하는 조건으로 일정한 판매지원금도 받고 있었다. 지금껏 제대로 활용하지 못했지만, 제주도의 질 좋은 제품을 저렴하게 판매할 수 있다는 뛰어난 장점이 있었다. 나는 여기에 방점을 찍기로 했다.

최상급 제주산 흑돼지를 홍보에 내세우고 한라봉, 귤, 천혜향 등의 제주 과일을 산지 직거래로 저렴하게 구입해 판매에 나섰다. 생선을 팔았던 경험을 살려 생선 코너도 정비했다. 생선들이 더 신선하게 보이고 눈에 띄도록 진열대를 바꾸고 품목을 보완했다.

장바구니 손님을 맞을 채비가 어느 정도 갖추어졌다.

오후 5시, 아달달 총각의 시간

우리 매장의 또 한 가지 장점은 넉넉한 주차 공간이었다. 어느 시간대든 주차 전쟁을 치를 염려 없이 여유롭게 차를 대고 장을 볼 수 있었다. 나는 이 점을 적극 활용하기 위해 주차장 부지에 큰 천막을 두 개 설치하고, 마치 오일장이 선 것 같은 분위기를 연출했다. 청과와 야채, 생선 매대까지 설치해 손님들이 차에서 내리는 즉시 편하게 장을 볼 수 있게끔 만들었다.

다음 단계는 손님들에게 직접 홍보를 하는 것이었다. 나는 타깃으로 삼을 아파트를 하나씩 선정해서 공략에 나섰다.

오후 3시경에는 아파트 정문에 유치원 승합차가 도착했다. 나는 삼삼오오 모여서 이야기를 나누는 어머니들 틈으로 파고들었다.

"안녕하세요. ○○마트예요. 바나나 좀 드릴게요. 아이들이 돌아오면 지금 딱 간식 먹을 시간이잖아요."

할머니처럼 보이는 분에게는 일부러 더 '어머니'라는 호칭을 사용했다.

"어머니, 아이 마중 나오셨어요?"

"어머니는 무슨…… 할머니인데."

"완전 동안이세요. 누가 봐도 엄만 줄 알겠어요. 바나나 좀 드세요. 바나나가 섬유질이 많아서 건강에도 좋대요. 과일 필요하시면 전화 주문 주세요. 대파 한 단도 배달 갑니다. 여기 전단지예요."

시간이 흘러 오후 5시쯤이 되면 아파트 복도로 무대를 옮겼다. 아파트 복도에서 홍보를 하겠다는 아이디어는 이 동네 세탁소 아저씨를 보고 처음 떠올린 것이었다. 아저씨가 "세~~에~~타악!" 하고 외치며 복도를 지나가면 사람들은 알아서 문을 열고 세탁물을 맡기곤 했다. 공용 장소에서 소리 지르는 것이 허용된 유일한 사람이라 할 만했다. 그 모습을 보자 '나라고 안 될 거 있나?' 하는 생각이 들었던 것이다.

하지만 무턱대고 고래고래 소리를 질러서는 반감만 살 터였다. 귀에 쏙쏙 들어오되, 들으면 피식 웃음이 날 만큼 재미있는 멘트를 하고 싶었다. 출퇴근 시간 트럭에서 며칠을 연습한 끝에 나만의 멘트를 완성했다. 기본적인 어조는 세탁소 아저씨를 흉내 내고, 거기에 좀 더 우스꽝스러우면서도 독특한 톤을 더했다.

"나나나~ 나나나~ 꿀바나나~ 한 다발에 5,000원."

"지구별 꿀~ 꿀~ 꿀참외 열 개 5,000원."

"아달달달~~ 딸기!"

그렇게 매일 오후 5시가 되면 아파트 복도를 천천히 걸어가며 외쳤다. 반응은 즉각적이었다. 사람들은 어느새 나를 '아달달 총각'으로 부르기 시작했다.

"저 총각이 그렇게 외치고 다니는 '아달달'이야."

"어디 있는 마트인데?"

"아, 저기 스포츠센터 앞에 주차장 넓은데."

"나 여기 이사 와서 몇 년이 되도록 거기는 한 번도 못 가봤네?"

"내가 가봤는데, 주차도 편해서 차 대고 바로 물건 사기 좋아."

"아달달 총각! 참외랑 딸기 배달 되죠?"

때로는 민원이 들어왔다며 경비 아저씨에게 타박을 받기도 했지만 넉살과 애교로 상황을 모면했다. '아달달~' 외침은 이후로도 한동안 계속되었다.

얌체족을 물리치는 법

마트의 청과와 야채 코너는 점점 장바구니 손님들로 붐비기 시작했다. 배달을 이용하는 분들도 많았지만, 주부 입장에서는 아무래도 직접 물건을 보고 사는 편을 선호했다.

주차하는 차량도 그만큼 늘어나서 수시로 주차 관리를 하고 자리를 확보해놓아야 했다. 마트가 강남역 주변이라 무단 주차를 하고 사라지는 얌체족들이며, 음료수 하나 사고서 몇 시간이고 차를 대놓는 사람도 많았다. 그런 차량을 파악해서 제재하는 것이 중요한 일과 중 하나였다.

하루는 마트 구석에 댄 승용차 한 대가 반나절이 지나도록 빠지지 않았다. 차량에 남긴 번호로 여러 번 전화를 해도 받지 않아, 결국 자체 제작한 스티커를 차창에 붙였다. 주차 위반 표시가 된 노란 스티커로, 늘어나는 무단 주차 차량에 대처하기 위한 자구책이었다.

저녁이 다 되어서야 찾아온 차 주인은 차창에 붙은 스티커를 보며 불같이 화를 냈다.

"니들이 뭔데 차에다가 이런 스티커를 붙여! 당장 안 떼?"

"아저씨, 저희가 이렇게 큰 현수막으로 곳곳에 주차 안내를 하고 있지 않습니까? 아저씨 차 때문에 저희도 영업에 지장을 받았습니다. 스티커 떼는 수고 정도는 불법 주차한 사장님이 하셔야 하는 것 아닌가요?"

차주는 기가 막힌다는 듯 코웃음을 한번 치더니, 자기 차의 앞유리에 붙어 있는 조그만 마크를 가리켰다.

"너 내가 누군지 알아? 콩밥 먹고 싶어?"

순간 '아차' 싶어 봤더니, 동그란 스티커 속에 청록색 기둥이 나란히 서 있는 문양이 눈에 들어왔다. 배달을 갈 때마다 봤던, 래미

안 아파트 표시인 듯했다.

'뭐지? 아파트 동대표인가? 아파트에서 영향력 있는 분인가 본데?'

배달이 많은 매장이다 보니, 아파트 동대표에게 미운털이 박히면 앞으로 쉽지 않겠다 싶어 나도 한풀이 죽었다.

"아저씨, 래미안 사세요?"라고 누그러진 표정으로 묻자 그분은 어이없다는 표정으로 나를 쳐다보았다. 아무 말 없이 차에 오른 아저씨는, 잠시 후 차창을 내리더니 마지막으로 한마디를 했다.

"이 XX가, 앞뒤가 꽉 막힌 놈이네!"

빠져나가는 차의 뒤꽁무니를 멍하니 쳐다보고 있는데, 옆에 있던 직원이 키득거리며 말했다.

"형! 그거 래미안이 아니라 검찰 표시잖아요."

그분이 진짜 검찰이었는지는 아직 확인하지 못했지만, 이후로는 그 차가 무단 주차를 하는 것은 한 번도 본 적이 없었다.

04

1억 5,000의 빚과 함께
쫓겨나다

얼떨결에 인수한 가게

당시 나는 '국가대표 과일촌'이라는 이름의 인터넷 까페를 운영하면서 '배 감독'이라는 필명으로 글을 올리곤 했다. 국가대표 과일촌은, 언젠가 가지게 될 내 가게를 꿈꾸며 야심차게 만든 나만의 브랜드이기도 했다. 이 공간에 장사를 하면서 겪은 일들과 소소한 상념을 틈나는 대로 올렸다. 그 사실을 아는 사장님도 언젠가부터 나를 '배 감독'이라고 부르기 시작했다.

일을 시작한 지 2년이 되어갈 무렵이었다. 하루는 사장님이 나를 조용히 불렀다.

"배 감독, 언제까지 직원으로 있을 거야? 사실 배 감독이 나가면 여기 매출 떨어지는 건 시간문제지. 그래서 말인데…… 청과,

야채 코너를 아예 인수하는 건 어때? 배 감독이라면 대박을 치고
도 남을 거야."

솔깃한 제안이었다. 지금까지 9년 가까운 시간을 다른 사람의
가게를 위해 뛰었다. 언젠가는 내 가게를 열겠다는 꿈을 늘 품고
있었지만, 문제는 돈이었다. 당시 나는 돈 관리라는 걸 몰랐다. 월
급 받기 무섭게 동료나 후배들에 한턱 쏘는 것이 낙이었고, 내 씀
씀이를 아는 지인들이 돈을 빌려달라고 하면 거절하는 법이 없었
다. 카드 값은 나날이 늘어나고, 못 받은 돈의 액수도 점차 커져서
이제는 월급을 타면 남는 돈이 거의 없다시피 했다. 모아둔 자금
도 당연히 없었다.

하지만 이 기회를 놓치면 후회할 것 같다는 느낌이 들었다. 내
손으로 직접 일으킨 매장이기에 애착이 더 가기도 했다. 합의 끝
에 계약을 맺었다. 이제부터 할 일은 보증금을 구하는 것이었다.

아내의 카드로 현금 서비스를 받고 카드론까지 신청해서 보증
금을 마련했다. 트럭도 한 대 구입했다. 처음 장사를 시작할 때 샀
던 트럭은 이미 처분했고, 이후로는 마트에서 제공해준 트럭을 이
용했기에 이제 내 소유의 트럭이 필요했다. 이때 구입한 트럭은 그
날 이후 지금까지 나와 동고동락하는 소중한 친구가 되었다.

벌어도 모이지 않는 이상한 셈법

'드디어 내 가게가 생겼다'는 생각에 마음은
한없이 들떴다. 지금껏 해온 것처럼 열심히만 장사를 하면 금방

부자가 될 것 같았다. 하지만 '뭔가 이상하다'는 걸 깨닫기까지는 그리 오랜 시간이 걸리지 않았다.

다섯 평도 채 되지 않는 자리인데 한 달에 '숨을 쉬지 않아도 나가는 돈'이 무려 700만 원이었다. 월세 300만 원에 수수료가 별도였고, 카드 수수료도 만만치가 않았다. 게다가 마트 주인은 전기 계량기를 따로 달아주지도 않고, 전체 전기세의 상당 부분을 일괄적으로 부담하도록 했다. 세금은 또 왜 그렇게 많은지. 사실 과일이나 채소는 비과세 품목이기 때문에 1년에 한 번, 종합소득세만 신고하면 되었다. 그런데 마트 측에서는 세금 명목으로 매달 상당한 금액을 청구해왔다.

내 가게를 하루 빨리 갖고 싶다는 욕심에 계약의 이면을 꼼꼼히 따져보지 않은 것이 불찰이었다. 그동안 장사만 열심히 했지, 가게 운영 경험이 전혀 없던 나는 울며 겨자 먹기로 계약서의 내용을 따를 수밖에 없었다. 그렇게 고정 비용 700만 원에, 직원 월급까지 더하면 한 달 지출은 1,000만 원에 육박했다.

그뿐이 아니었다. 매장을 인수하느라 얻은 빚에, 오픈 세일로 인한 적자까지 더해져서 나는 시작부터 이미 1억이라는 빚을 안고 있었다.

그러니 매출이 아무리 많아도 큰돈이 모이질 않았다. 그 와중에 매출이 높다는 이유로 마트 주인은 점점 더 많은 수수료를 요구했다.

떨이로 맺어진 관계

　한편 야외 천막을 놓고도 문제가 불거지기 시작했다. 당시 야외 매대에서 올리는 수익은 점점 증가해서, 청과·야채 코너의 하루 매출이 크게 치솟았다. 차를 대놓고 손쉽게 장을 볼 수 있다는 점 때문에 찾아오는 손님들이 급격히 늘어났고, 가까운 스포츠센터의 회원들도 오며가며 수시로 들르곤 했다.

　문제는 손님들이 마트 안까지는 잘 들어오지 않는다는 것이었다. 천막에서 계산을 마친 후 그대로 돌아가는 이들이 많아서, 청과와 야채를 제외한 나머지 부분에서는 이렇다 할 매출 변화가 보이지 않았다.

　그러다 보니 마트 내의 정육점이나 수산물 코너, 공산품 파트가 나서서 마트 측에 불만을 털어놓았다. 결국 마트 주인은 천막을 철거하든지, 아니면 손님들이 마트 안까지 자연스럽게 유입될 수 있도록 마트 입구를 향해 매대를 더 길게 설치하라고 요구했다.

　내 입장에서는 천막에서 발생하는 매출이 상당했기에 포기할 수 없었다. 결국 더 많은 물건을 들여와서 매대를 늘리는 수밖에 없었다. 과일은 구입량이 늘어나도 그럭저럭 당일 내에 소화가 되었지만, 채소는 확실히 부담이 컸다. 채소의 종류와 구입량이 대폭 늘어나자, 저녁 무렵에는 팔다 남은 것들이 잔뜩 쌓이기 시작했다.

　남은 채소를 처리하기 위해 고심하던 끝에 저녁 피크 타임이 끝나면 강남역 주변의 식당들을 돌아다녔다. 원가 이하로라도 순환을 시키지 못하면 그 다음날 가치가 현저히 떨어지기 때문이었다. 더 중요한 문제는, 고객들에게 '신선하지 못한 제품을 파는 곳'이라는 인식을 심어주게 된다는 점이었다.

식당은 야채를 떨이로 가장 손쉽게 처리할 수 있는 곳이었다. 기존의 공급처보다 더 싼 가격에, 카드 결제까지 가능하니 마다할 이유가 없었다. 그렇게 근처 식당들이 하나둘 나와 거래를 시작했다. 나로서는 전혀 생각지 못한 곳에서 고정적인 매출이 발생했으니, 누이 좋고 매부 좋은 일이었다.

어떻게 보면, 마트 주인의 무리한 요구 덕분에 새로운 돌파구를 마련한 셈이었다.

강남역이 침수되던 그날

2011년 7월 27일. 그날을 나는 아직도 잊을 수가 없다. 당시는 가게를 인수하고 7개월 정도 지날 무렵이었다. 새벽에 가락시장을 다녀왔더니 밤사이 내린 장대비의 무게를 이기지 못하고 천막이 무너져 있었다. 일단 물건을 매장에 넣어놓고 천막을 철거하는데, 물이 점점 차오르는 것이 눈으로 보였다. 마트가 주변보다 약간 높은 지대에 있어서 상황이 어느 정도인지 실감을 하지 못했는데, 어느 순간 보니 출근하는 사람들이 신발을 벗어 들고서 맨발로 지나가고 있었다.

꽉 막힌 도로는 이미 아수라장이었다. 차가 떠내려가는가 하면, 119 대원들이 보트를 타고 승용차에 갇힌 사람을 구조하는 모습도 보였다. '이거 보통 일이 아니구나.' 싶었다. 결국 마트도 그날 침수 피해를 입었다.

며칠 동안 장사는 엄두도 내지 못했다. 젖은 과일과 채소를 모두 버리고, 곳곳을 정리하고, 밖에 있는 저장 창고의 전기 설비를 수리하느라 정신이 없었다. 저장 창고와 냉장고 안의 냉각기나 모터가 모두 손상되어 이것을 교체하는 데도 꽤 많은 돈이 들었다. 처음 시작할 때 얻었던 빚을 이제야 어느 정도 갚았다 싶었는데 다시 목돈을 빌려야 했다.

늦은 밤 아내에게 슬쩍 이야기를 꺼냈다.

"여보, 침수 때문에 저장 창고랑 쇼케이스 죄다 못 쓰게 됐어. 우리 현금 서비스 좀 받자."

"마트에서 지원해주지 않아? 그래도 세입자인데……."

"마트에서는 나갈 때 원상복귀를 하든, 지금 고쳐 쓰든 나더러 알아서 하라는 입장이야. 알잖아, 어떤 사람들인지."

마음이 무거웠지만 그래도 이 정도 손실은 쉽게 이겨낼 수 있으리라 생각했다. 더 큰 난관이 기다리고 있다는 걸 알았다면, 아마도 그쯤에서 가게를 정리하고 빠져나갔을 것이다.

공사장에 포위되다

1년 뒤 '강남역 침수'라는 악몽에서 벗어날 즈음, 매장 바로 앞에 큰 현수막이 내걸렸다.

'강남역 빗물저류장 공사로 인해 통행에 불편을 드려 죄송합니

다.'

'공사라고? 몇 달 시끄럽겠군.' 하며 처음에는 대수롭지 않게 여겼다. 가게와 10미터도 떨어지지 않은 곳에서 벌어지는 그 공사라는 것이 내 가게를 통째로 집어삼키는 괴물이 되리라는 걸 알턱이 없었다. 공사가 시작되고 나서야 우리 가게로 진입하는 모든 도로가 파헤쳐지고, 수십 대의 중장비들이 진입 도로를 장악하는 심각한 상황임을 깨달았다.

공사의 규모는 상상을 뛰어넘는 수준이었다. 강남역에서부터 시작해 도로를 따라 큰 배수관을 묻고, 인근 공원의 지하에 축구장 크기를 능가하는 대규모의 콘크리트 저류장을 건설한다고 했다. 공사 기간도 1년 반을 훌쩍 넘길 예정이었다.

어느덧 가게 앞은 먼지를 날리며 달리는 덤프트럭들의 전용 도로가 되었다. 포클레인이 큰 H빔을 박기 위해 온 땅을 파헤치는 통에, 진동과 소음이 하루 종일 끊이지 않았다. 옆 사람과 이야기하기도 힘들 정도였다. 공사장 한가운데 매장이 서 있는 꼴이 되고 나니 아이와 손을 잡고 과일을 사러 오던 손님들, 차를 가지고 들르던 이들의 발걸음이 뚝 끊기고 말았다.

이대로는 힘들겠다 싶어 마트 주인에게 공사가 끝날 때까지만이라도 가게세를 좀 깎아달라고 사정했다. 하지만 돌아오는 것은 왜 자신들이 손해를 보냐며, 공사하는 당사자에게 가서 따지든지 민원을 넣으라는 매몰찬 반응뿐이었다.

뭐라도 해봐야겠다는 심정으로 구청을 찾아갔다. 구청에서는 책임을 시로 돌렸고, 그래서 서울시에 민원을 넣었지만 묵묵부답이었다. 공사장 정문에서 피켓을 들고 1인 시위를 한 끝에야 시 관계자와 현장소장을 만날 수 있었다.

소득은 없었다.

"지금까지 이런 공사로 배상을 해준 선례가 없습니다. 만약 공사를 계속 방해하거나 지장을 주면 소송을 거는 수밖에 없어요."

그들의 단호한 말에 나는 빈손으로 돌아설 수밖에 없었다.

썩어가는 과일, 멍든 희망

설상가상, 도매시장의 상회에서는 미수로 인해 더 이상 외상 거래는 불가능하다는 통보를 해왔다. 이제는 눈앞에 물건을 두고도 못 사는 일이 비일비재했고, 간신히 구입한 과일도 손님이 없으니 파는 것보다 버리는 게 더 많았다. 미수금이라는 약점 때문에 '처진 물건'을 덤터기 쓰는 상황도 벌어졌다.

"우리는 미수도 깔아주고, 그래도 장사해보라고 좋은 것만 챙겨주잖아. 그러니까 이것도 좀 같이 빼줘."

"요즘 내 사정 알잖아. 이 정도는 무리인데……."

"아니, 형만 살겠다고 하면 어떻게 해? 다 가져가든가, 아님 말든가."

더 이상 직원을 쓸 수도 없어 혼자 이리 뛰고 저리 뛰어봤지만 바닥을 친 매출은 오를 줄을 몰랐다. 고정적인 지출은 그대로인데 어떻게든 팔아보겠다고 들여온 채소며 과일은 모두 썩어가는 악

순환이 반복되었다.

지금 생각하면 '내 가게'라는 미련을 버리고 하루라도 빨리 정리를 했어야 하는데, 당시에는 차마 그럴 수가 없었다. 이 가게가 마지막 희망이라 믿으며 조금만 더 가보자는 심정으로 버텼다. 이리저리 돈을 빌리고, 사채까지 손을 대고, 나중에는 담보로 맡길 만한 것은 뭐든 맡기기 시작했다.

하다못해 아내가 출퇴근용으로 쓰던 승용차까지 사채업자에게 맡기고는 돈 몇 푼을 받아 융통했다. 한 대 남은 트럭마저 담보로 맡기고 대출을 받았으니, 운전만 내가 할 뿐 트럭도 이미 사채업자들의 것이나 다름없었다.

일개미처럼 산 세월에 배신당하다

빚이 이자를 낳고 이자가 다시 빚을 만들어 내기 시작했다. 그렇게 빚이 불어나는 속도가 무서울 정도였다. 결국 휘발유를 들고 공사 현장 사무실을 찾아가 드러누웠다.

"어차피 이래 죽으나, 저래 죽으나 마찬가지예요. 너무 억울해서 제가 이렇게라도 해야겠습니다."

내 막무가내 행동에 당황했는지 시에서 다시 관계자가 찾아왔다.

"어떻게든 해결을 해볼 테니까 일단 돌아가세요. 곧 연락드릴게요."

며칠 뒤, 마트 주인이 상기된 얼굴로 나를 불렀다.

"이번 12월이 재계약이지? 재계약은 없으니까 그렇게 알아. 아니, 민원을 넣어도 작작 넣어야지 그게 뭐하는 짓이야? 우리도 지자체에서 지원받아서 운영하는 곳인데, 이렇게 일을 시끄럽게 만들면 어떻게 해. 배 감독만 어려운 게 아니라 우리도 지금 죽을 맛이라고. 지금이라도 당장 가게 빼면 보증금 남은 건 돌려줄게. 아니면 12월까지 버티든가. 눈치가 없는 건지, 양심이 없는 건지, 원······."

그렇게 나의 첫 가게를 뒤로한 채 쫓겨나고 말았다. 남은 보증금이라도 받아야 빚을 조금이나마 갚을 수 있었기에 눈물을 머금고 내린 선택이었다.

집으로 가는 길. 눈물이 멈추질 않아 몇 번이고 길옆에 차를 세웠다. 이대로 집에 가서 어떻게 가족들 얼굴을 봐야 할까, 도무지 용기가 나지 않았다.

생활비라고 쥐꼬리만큼이라도 집에 마지막으로 가져간 것이 벌써 몇 달 전이었다. 미용실을 하던 아내는 돌 된 막내를 친가와 외가에 번갈아 맡기며 밤 10시까지 일을 했다. 이제 막 초등학교를 졸업하는 큰 딸에게 미안했고, 무엇보다 출산 후 몸조리도 제대로 못한 채 다시 손에 가위를 들었던 아내를 볼 낯이 없었다.

당장 가게를 접는다고 했을 때 무엇보다 큰 걱정은 도매상회에 남아 있는 미수금이었다. 지금까지는 그래도 조금씩이나마 거래를 했으니 사정을 봐줬지만, 매장에서 철수한다는 소식을 듣는 순간 미수금을 한꺼번에 갚으라고 할 것이 뻔했다. 거기다 사방에서 끌어다 쓴 사채며, 은행 빚들은 어찌해야 하는지 답이 나오지 않았다.

마흔을 눈앞에 둔 가장이었다. 밤 11시에 집에 들어와 잠깐 눈붙이고, 새벽 2시면 어김없이 도매시장에 나가는 하루하루를 살았다. 누구보다 부지런하게 살았는데 번듯한 방 한 칸 없이 가족들과 거리에 나앉게 생겼다니, 기가 막힐 따름이었다.

빚에 쫓길 것인가, 모험을 할 것인가

다음날 나는 과일 도매상회에 가서 사장님 앞에 무릎을 꿇었다.

"사장님, 제가 가게 문을 닫게 되었습니다. 미수금은 어떻게 해서든 조금씩 갚아나가겠습니다."

"너 미수금이 얼마인 줄은 알아? 4,000만 원이 넘어. 어떻게 갚을 건데?"

한 달에 300씩 갚기로 약속을 하고 각서에 서명을 했다.

아내에게도 무거운 입을 뗐다. 어느 정도 예상을 한 듯, 아내는 아무 말이 없었다. 한참 만에 아내는 불쑥 이런 이야기를 꺼냈다.

"나도 당신이 뭘 하면 좋을지 알아봤어. 아는 손님이 재활용 가전제품 업체를 운영하는데 요즘 사람이 없어서 힘들대. 거기 한번 가볼래? 급여가 원래 180만 원인데, 아는 처지고 해서 200만 원으로 맞춰준대."

천진하게 말하는 아내 앞에서 잠시 말문이 막혔다. 그동안 아내가 상황이 어떤지 물으면 나는 늘 '괜찮아. 나아지고 있어. 손해는 안 봐'라고 말했다. 그래서 아내는 빚이 조금 남았다고만 알고 있었다. 하지만 차마 말하지 못한 실제 빚은 1억 5,000이었다. 대충 계산해도 한 달에 갚아야 할 돈이 1,000만 원에 가까웠다. 월급 200만 원으로는 원금은커녕 이자만 갚기도 빠듯할 것이다. 아마도 일흔, 여든이 되도록 평생 빚에 허덕이며 늙어갈 터였다.

내가 마음속으로 생각해둔 일은 따로 있었다.

"사실……, 나 다시 과일 장사를 해볼까 해."

"뭐? 당신이 어떻게 장사를 해. 아무것도 없는데."

"트럭 있잖아. 트럭에서 팔면 되지."

"미쳤어? 당신 미쳤냐고. 내가 지금까지 당신이 뭐 한다고 할 때 말린 적 있어? 당신 하루에 한두 시간씩 자면서 가게 했는데 안 됐잖아. 그럼 안 되는 거야. 이제 제발 남들처럼 직장에 다녀. 우리가 열심히 일하면 그까짓 빚 못 갚겠어? 죽기야 하겠냐고. 난 '장사'라는 말만 들어도 넌더리가 나."

하지만 나는 알고 있었다. 우리 부부가 악착같이 일한다 해도 살림은 조금도 나아지지 않을 것이다. 큰아이가 원하는 학습지 시켜줄 돈 3만 원이 없어서 쩔쩔매는 삶. 의료보험이 밀려서 애들 병원조차 마음 놓고 가지 못하는 삶에서 한걸음도 나아가지 못할 것이다.

그나마 내가 가장 자신 있는 것은 장사였다. 가진 것도, 배운 것도 많지 않은 내게는 유일한 출구이기도 했다. 막연히 주워들은 얘기로는, 재주만 있으면 트럭 장사가 웬만한 월급쟁이보다 훨씬 낫다고 했다. 무엇보다 지금의 내 처지로는 그 이상을 생각할 여력이 없었다.

CHAPTER

2

트럭에서
'진짜 장사'를 배우다

벼랑 끝에 몰린
트럭

힘든 인생을 기꺼이 껴안다

나는 가게를 하면서 알게 되었던 한 업자를 찾아갔다. 트럭 장사를 하는 사람들에게 참외며 곶감, 어묵을 공급하던 분으로, 그 바닥에서는 '창고장'이라고 불렸다.

"트럭 장사를 하면 한 달에 매상이 보통 얼마나 되나요?"

내 질문에 그는 이렇게 답했다.

"저녁에 참외 트럭이 오는데 그때 한번 와봐. 백번 말로 하는 것보다 그게 나을 테니까."

그날 밤, 실제로 엄청난 양의 참외를 싣고 나가는 트럭을 보고서 깜짝 놀랐다. 수완이 좋은 트럭은 참외 60박스를 하루 만에 모두 판다고 했다. 매장의 경우 아무리 장사가 잘된다 해도 하루에 참외 60박스를 판다는 건 힘든 일이다. 내가 몰랐던 세계에 눈이 뜨이는 기분이었다.

나는 이 일을 해야겠다고 마음을 굳혔다.

햇살이 제법 따가운 6월의 한낮. 이미 며칠 전에 매장을 정리해 갈 곳이 없던 나는 트럭을 몰고 목적지 없이 길을 나섰다. 트럭 장사를 하겠다는 쪽으로 마음을 정했지만, 뭔가 억울하고 스스로가 한심한 기분을 떨칠 수 없었다.

밝은 거리를 분주히 오가는 사람들을 피해 한강 고수부지에 차를 대고 라디오를 켰다. 마치 다른 세상에 속한 듯한 DJ의 활기찬 목소리며 음악을 멍하니 흘려듣고 있는데, 문득 어떤 멘트가 귓속을 파고들었다.

"얼마 전에 배우 박신양 씨가 이런 말을 하더군요. '당신의 인생은 왜 힘들지 않아야 한다고 생각하십니까'라고요."

순간 머리를 세게 한 대 얻어맞은 기분이 들었다.

'맞아. 왜 내 인생이 힘들지 않아야 한다고 생각했지? 왜 내가 하는 일은 다 잘될 거라고 믿었을까? 일이 잘 풀릴 때 잘하는 건 누가 못해. 위기일 때 이겨내는 게 진짜지.'

그리고 그날 아내에게 다시 말을 꺼냈다. 만류하는 아내를 붙들고 진심으로 이야기했다.

"여보, 마지막으로 한 번만. 딱 한 번만. 지금까지 내가 죽기 살기로 장사를 했다면, 지금부터는 죽기로만 할게. 죽기 살기가 아니라 그냥 죽기로만."

아내에게 하는 약속인 동시에, 스스로 새기는 뼈아픈 다짐이기도 했다. 며칠을 울며 반대하던 아내도 어쩔 수 없이 허락을 해주었다.

2012년 6월 16일, 마침내 낡은 중고 트럭 한 대를 몰고 나는 거리로 나섰다.

트럭 위의 천덕꾸러기 신세

내심으로는 내가 과일과 채소 쪽에서 10년 가까이 일했는데 트럭이라고 별반 다를 게 있겠냐는 막연한 자신이 있었다.

하지만 막상 참외 트럭을 몰고 길에 나가보니 매장에서의 경험도, 장사 경력도 무용지물이었다. 강남에서 매장을 했을 때는 매끈한 최상급 과일만 팔았다. 그런데 지금 내 트럭에 실린 것들은 '열과'라 불리는 B품 과일이었다.

열과는 말 그대로 공판장이나 도매시장에 나가지 못하는 못난이 과일이다. 정품과 달리 모양이 제각각이고 갈라짐이나 흠집도 흔하다. 장사꾼이라면 무릇 목소리 높여 내 물건을 자랑해야 하는 법인데, 스스로 상품이 부끄럽다고 느끼니 목소리는 자꾸만 기어들어갔다.

그렇지 않아도 자신감이 바닥인데, 트럭만 세우려 하면 누군가가 나타나서 야단을 쳤다.

"아저씨, 누가 여기서 장사하래요. 내가 이 자리에서 장사한 게

10년이 넘는데 뭐하는 거예요?"라며 다른 트럭 장사꾼이 화를 내는가 하면 "여기서 장사하면 다른 사람들도 쫓겨나요, 빨리 차 빼요." 하고 노점 아주머니가 손사래를 치기도 했다.

특히 과일 가게들은 트럭이라면 질색을 했다.

"아저씨! 양심도 없어요? 옆에 과일가게 안 보여!"

"그래서 좀 떨어진 곳에 트럭을 세웠는데요."

"이 사람이 장난치나. 세금도 안 내고 가게세도 안 내는 주제에! 당신 같은 사람들 때문에 돈 내고 장사하는 선량한 사람들이 피해를 입는다고. 경찰은 뭐하나 몰라, 이런 사람들 다 구속시켜야 돼!"

용역 단속반도 나를 눈엣가시로 여기는 건 물론이었다.

장사 좀 할라치면 "아저씨, 차 빼요! 다시 한 번 오면 과태료 제일 센 걸로 끊을 테니까 이 구역 근처에도 오지 마세요." 하며 나를 쫓아냈다.

그렇게 천덕꾸러기처럼 이리저리 쫓겨 다니며 하루 종일 올린 매출은 많아야 20만 원 정도였다. 참외 한 봉지에 3,000원, 5,000원에 팔았으니 40명 정도 손님을 만나면 그나마 괜찮은 하루였고, 그 절반에도 미치지 못한 날이 허다했다.

한 달이 지날 무렵, 이제는 수중에 기름 값조차 없는 처지가 되었다. 장사 밑천으로 남겨둔 보증금까지 바닥이 났다. 빚을 독촉하는 전화가 쉬지 않고 울렸고, 캐피털 등의 대출업체에서 집까지 찾아오기도 했다.

사채업자들은 담보로 잡힌 트럭을 공매에 붙이려고 혈안이 되어 내 트럭을 찾으러 다녔다. 그때부터는 집 근처 산 아래의 으슥한 공터에 트럭을 세워두고 집까지 한참을 걸어 다녔다. 한 대 남은 이 트럭마저 빼앗기면 정말 아무것도 할 수 없다는 생각에 이를 악물었다.

태풍 속을 질주하다

태풍이 온다는 소식에 하루 종일 뉴스가 시끌시끌하던 날이었다. 창문이 깨지지 않도록 테이프를 X자로 붙여두라는 요령을 여러 프로그램에서 소개하던 그 시간, 나는 세찬 비를 쫄딱 맞으며 거리에서 장사를 했다. 손님이 많을 리야 없겠지만, 그렇다고 비 핑계로 집에 엉덩이를 붙이고 있을 수는 없었다.

결과는 비참했다. 자정 가까운 시간이 되도록 목이 쉬어라 소리를 질렀지만 트럭 뒤에는 팔다 못한 참외가 아직도 꽤 남아 있었다. 비에 젖은 채 아무렇게나 뒹구는 참외가 내 모습만큼이나 청승맞아 보였다.

힘없이 차에 오른 나는 멍하니 운전대를 잡았다. 어느새 굵어진 빗줄기가 차창을 후두둑후두둑 무겁게 때렸다. 앞도 잘 보이지 않을 만큼 쏟아지는 비를 뚫고 고속도로로 차를 몰았다. 현실에서 벗어나고 싶다는 생각이 강해질수록 차의 속도도 빨라졌다. 속도계는 순식간에 시속 150킬로미터를 가리켰다. 순간, 해서는 안 될 생각이 머리를 스쳤다.

'이렇게 살면 뭐해. 차라리……'

그런데 난간 아래로 핸들을 꺾으려는 마음과는 정반대로, 손에는 자꾸만 힘이 들어갔다. 머릿속에서 여러 생각들이 시끄럽게 부딪쳤다.

'사고가 난다고 해도 트럭만 폐차하고 난 살아나면 어떻게 하지? 그나마 트럭 장사도 못 하잖아. 평생 장애를 입게 되면?'

'그럼 이런 지옥 같은 하루를 내일 또 시작하라고?'

'그래, 너도 죽고 트럭도 폐차를 했어. 남은 가족은? 그렇게 무책임한 가장이 어디 있어!'

이러지도 저러지도 못하는 사이에 고속도로의 끝까지 와버렸다. 고속도로가 끝나는 지점에는 공터가 있었다. 트럭에서 비틀거리며 내리는 순간 '내가 지금 무슨 짓을 한 건가.' 하는 자각이 밀려왔다.

비를 맞으며 트럭 뒤에 덮여 있던 천막을 힘껏 걷어냈다.

'이까짓 참외가 뭐라고! 그래, 내가 이기나 네가 이기나 해보자. 내가 다 못 팔았으면 먹어서라도 해치우면 되지.'

나는 참외를 닥치는 대로 집어서 먹기 시작했다. 먹었다기보다는 입 속으로 밀어 넣었다는 표현이 맞을 것이다. 하루 종일 습기와 열기 속에 뒹굴던 참외는 온전하지 않았다. 잔뜩 곯아서 쉰 걸레 냄새가 나는 참외까지 꾸역꾸역 삼켰다.

'내일도 못 팔면 또 먹어. 그 다음날도, 또 다음날도. 돈 주고 산

물건인데 이걸 버려? 못 팔았으면 이거라도 먹어…….'

　그렇게 눈물 반, 빗물 반인 참외를 먹고 또 먹었다. 억지로 삼키
다 토해서 떨어지면 흙이 묻은 것을 다시 주워 입에 넣었다.

　나는 그날 일로 며칠간 지독한 장염에 시달려야 했다. 어느새
태풍도 지나가고 장염도 나았지만, 마음속의 응어리는 더 딱딱하
고 아프게 자리를 잡았다. 지금의 시련이 장염처럼 한번 앓고서
끝나는 것이라면 얼마나 좋을까 하는 날들이 계속되었다.

장사의 전설을
만나다

우연히 만난 '미아리의 전설'

　햇살이 유난히도 쨍하던 날이었다. 머리 위로 쏟아지는 볕이 거슬려 저절로 인상이 찌푸려졌다.

　이제 우왕좌왕하던 초보 신세를 벗어나, 나름의 동선을 짜서 장사를 다니는 수준에 이르렀다. 그날 찾은 미아리 근처도 내가 자주 가는 곳 중 하나였다. 참외를 진열해놓고 한창 장사를 하고 있는데 자그마한 아주머니 한 분이 다가왔다.

　"총각, 저번에 여기서 샀던 참외 맛있게 먹었어. 참외 좋은 걸로 두 봉지만 담아줘요."

　먹거리를 팔면서 가장 듣기 좋은 말은 '맛있다'는 칭찬일 것이다. 특별히 신경을 써서 이리저리 골라가며 참외를 담는데 아주머니가 한마디를 툭 던졌다.

"밥은 먹었어, 총각?"

"아니요, 아직이요. 장사 나오면 밥은 거의 못 먹는 듯해요."

너무 바빠서 밥 먹을 틈이 없는 장사꾼도 있겠지만, 내 경우는 그 반대였다. 장사도 시원치 않은 상황에 끼니를 꼬박꼬박 챙기는 건 사치 같았다. 그래서 종일 참았다가 늦은 밤 집에 들어갔을 때 첫 끼니를 허겁지겁 때우는 게 일상이었다. 트럭 위의 참외도 돈 주고 산 물건이다 보니 차마 손을 대기 힘들었다. 정 배가 고프면 근처 가게에서 물배를 채우며 장사를 하곤 했다.

"그래, 보니까 밥도 안 먹고 장사하는 것 같더라. 저기 앞에 분식집 가서 김밥이라도 한 줄 먹고 와요. 그동안 내가 트럭 봐주고 있을게."

마음이야 굴뚝같았지만 망설여졌다. 처음 본 아주머니에게 트럭을 턱하니 맡기는 것도 솔직히 불안했고, 밥값이 아깝기도 했다. 하지만 밥 얘기를 듣는 순간 허기가 갑자기 밀려와 참기 힘들었다. 등을 떠미는 아주머니 손에 못 이기는 척 자리를 떴다.

바로 몇 미터 옆의 가게에서 김밥을 먹는 동안에도 시선은 계속 트럭에서 떼지 못했다. 김밥이 입으로 들어가는지 코로 들어가는지 모르게 허겁지겁 먹고 있는데 뭔가 이상한 일이 벌어지기 시작했다.

내 트럭으로 사람들이 점점 모여들더니 잠시 뒤에는 줄까지 서서 참외를 사는 게 아닌가. 나는 젓가락도 내려놓고 그 광경을 멍하니 바라보았다.

내가 장사를 할 때는 야속하리만큼 안 팔리던 참외가 무슨 조홧속인지 없어서 못 파는 귀한 물건이 되어 있었다. 다가오다가도 쌩하니 돌아서던 손님들은 너도나도 손을 뻗어서 참외 봉지를 받아들기 바빴다.

잠시 후, 얼떨떨한 표정으로 아주머니에게 다가가 인사를 했다.

"정말 감사합니다. 그런데 어떻게 이렇게 많이 파셨어요? 밥 먹다가 깜짝 놀랐어요."

"응, 실은 나도 예전에 행상 다니면서 장사 좀 했어."

아주머니가 잠깐 사이 번 돈을 건넸다. 언뜻 보아도 내가 하루 종일 팔았던 금액보다 훨씬 많았다. 신기하고도 고마운 마음에 이런저런 이야기를 나누고 있는데, 잠시 후 정장을 말끔히 차려입은 한 남자가 우리를 보고는 황급히 길을 건너왔다. 그 사람은 아주머니에게 90도로 허리를 숙여 인사했다. 트럭 맞은편 건물의 농협 지점장이었다.

"사모님, 안녕하셨습니까."

"아, 지점장. 여기 참외 너무 맛있더라. 참외 좀 사 가서 직원들하고 나눠 먹어."

"네. 점심 먹고 들어가는 길에 사러 오겠습니다."

'농협 지점장이 이렇게 공손한 걸 보면, 지위가 꽤 있는 분인가 보네.'

어느 순간 내 눈에 비친 아주머니는 무림의 고수처럼 보이기 시작했다.

"총각. 내가 총각을 두 번째 보는데, 볼 때마다 내가 처음 길에 나왔을 때 생각이 나더라고. 나도 먹고 살려고 무작정 길거리로 물건 들고 나왔더랬어. 참 힘들었지. 젖먹이를 업고 안고 길바닥에서 설움도 많이 당하고 울기도 억수로 울고 그랬어. 오죽하면 애들하고 같이 죽을까 했었다니까.

총각도 보니까 얼굴에서 마냥 힘든 게 느껴져. 총각은 다 좋은데, 몇 가지만 고쳐봐. 웃어. 내 아버지가 옆에서 죽어가도 장사하는 사람은 웃어야 돼. 그리고 또 하나. 우리가 진상이라고 부르는 사람들 있지? 그런 사람들한테 너무 끌려다니지 마. 물건이라는 게 팔리기 전까지는 무조건 내 거야. 그런데 왜 자꾸 끌려다녀? 아닌 건 아닌 거야. 화낼 필요도 없어. 웃으면서 거절하는 법도 알아야 해. 열심히 해봐. 나도 총각처럼 길에서 시작해서 이렇게 먹고 살 만치 됐거든."

구수한 말투 속에는, 경험에서 우러나온 날카로운 충고가 담겨 있었다. 아주머니는 말을 마치고 참외 두 봉지를 손에 들고서 총총히 걸음을 옮겼다.

가장 필요한 순간에 찾아온 선물

아주머니가 돌아간 뒤 얼마 되지 않아, 좀 전에 90도로 인사를 했던 농협 지점장이 다시 찾아왔다.

"아저씨, 참외 좀 주세요. 그리고 아까 그분 어떻게 알아요?"

"그냥 참외 몇 번 사 간 손님이에요. 뭐하는 분이신데요?"

지점장은 참외도 잊은 채 그 아주머니의 '전설'을 침을 튀기며 설명하기 시작했다.

"이 동네에서 그분 모르는 사람이 없을 걸요? 길거리 행상부터 시작해서 지금은 그분 빌딩이 이 앞 큰 도로에만 네 채예요. 우리 농협 건물도 그분 거잖아요. 손만 대면 망한 가게도 살려낸다고 할 정도라니까요."

아주머니는 오래전에 길에서 과일 파는 일을 하셨다고 한다. 수완이 그렇게 좋아 금세 가게를 얻었고, 나중에는 가게 건물까지 인수했다. '미다스의 손'으로 실력 발휘를 한 스토리는 셀 수조차 없을 정도였다.

한번은 빌려준 돈을 못 받게 되어서, 채무자가 운영하던 노래방을 어쩔 수 없이 떠안았다. 그 노래방은 등산로에 위치해서 파리만 날리던 자리였다. 그런데 이 아주머니가 인수하고 몇 달 지나지 않아 노래방은 사람들로 북적이는 인근의 명소가 되었다.

나는 '미아리의 전설'이 떠난 길을 망연한 시선으로 바라보았다. 내 인생의 가장 필요한 시간, 가장 필요한 장소에 찾아와 맞춤한 선물을 주고 간 듯했다. 그 뒤로 아주머니를 한 번 더 만나고 싶었지만, 그런 우연은 다시 일어나지 않았다.

지금도 가끔 그분의 무던한 듯 따뜻한 목소리가 떠오른다.

"총각, 웃어. 장사하는 사람은 웃어야 돼."

장사에 반전이 시작되다

내 장사의 반전이 시작된 것은 이 아주머니를 만나고 난 후부터였다. 나는 아주머니의 말을 되새기며 트럭의 사이드미러에 얼굴을 비춰보았다. 새카맣게 그을린 피부에, 눈부신 햇살을 이기려고 자꾸 인상을 쓰다 보니 미간에는 험악한 주름이 잡혀 있었다. 그렇지 않아도 강해 보이는 얼굴인데, 그렇게 찌푸리고 있으니 마치 화난 사람 같았다. 이런 얼굴이라면 손님들도 선뜻 말을 붙이기가 어려우리라.

'그래, 장사가 안 된다고 인상 쓸 게 아니라, 안 될수록 웃어야지. 그래야 하나라도 더 팔지.'

아주 간단한 사실이었다. 이전에 매장을 운영할 때도 팀원들에게 '늘 웃으라'고 강조하던 내가 아닌가. 무엇이 잘못되었는지 실감했다.

사실 트럭 장사를 하다 보면 얄미운 손님들을 하루에도 몇 번이나 만나곤 했다.

"트럭인데 뭐가 이리 비싸", "저 앞에서는 여기보다 몇 개 더 줘". 계산을 마친 비닐봉지에 큰 참외 하나를 막무가내로 집어넣는 경우도 흔했다. 그러면 옆에 있던 사람들도 한두 개씩 더 가져가겠다고 손을 뻗었다.

그럴 때면 나도 모르게 짜증이 솟았다.

"그럼 거기서 사세요", "거기랑 여기랑 같아요?"라며 퉁명스레 받아치기도 하고, 때로는 손해를 좀 보더라도 그냥 파는 게 낫겠다 싶어 비닐에 참외를 마구 담는 손님을 모르는 척하기도 했다.

나는 '웃으며 거절하는 법도 알아야 한다'던 아주머니의 말을 실천하기로 했다. 그다음부터는 불평하는 손님이 나타나면 괜히 시간만 보내면서 휘둘리지 않도록 유의했다. 최대한 빨리, 기분 좋게 돌려보내는 쪽으로 분위기를 만들었다.

"아이고, 죄송합니다. 다음에는 제가 더 좋은 걸로 가져올게요." 하고 꾸벅 인사를 한 뒤 몸을 돌려 다른 손님을 상대하기도 했고, 그래도 계속 실랑이를 벌이려 하면 "엄마, 엄마~ 내가 진짜 미안해, 미안해~" 하고 장난스레 등을 떠밀었다. 그렇게 부정적인 손님을 한 명 보내고 나면, 나머지는 순식간에 긍정적인 손님으로 변했다.

참외 파는 광대

또 한 가지 결심한 것이 있었는데, 시식을 적극적으로 시도하자는 것이었다. 지금껏 나는 손님들에게 미리 맛을 보여주는 데 인색했다. "참외 맛있어요?" 하고 묻는 사람에게만 "한번 먹어보세요." 하고 시식을 시켜주었지 먼저 나선 적이 없었다. 손님이 사든, 안 사든 맛을 보여주는 것은 과일 장사의 기본이었다. 매장에서 10년을 장사하면서 매일같이 실천하던 일이었는데 험한 길거리로 나오는 순간, 그 기본조차 잊었던 것이다.

'그래, 이제부터 나는 연기자라고 생각하자. 광대가 되자.'

이렇게 다짐하고 내 트럭 곁을 지나가는 사람들에게 인사를 하기 시작했다. 나를 쳐다보지도 않고 지나가는 행인의 뒷모습에 대고 큰소리로 외쳤다.

"어머니, 오늘은 패스~ 다음에는 꼭 맛만이라도 보세요. 오늘 하루, 최고로 행복한 하루 되시고요."

어쩌다 눈이라도 마주치면 씨익 하고 웃어 보이며 말을 건넸다.

"어. 머. 니. 제가 왜 쳐다봤을까요?"

"참외 팔려고 쳐다봤겠지."

"아니에요. 참외 맛만 보여드리려고요. 안 사셔도 돼요. 저 그렇게 매정한 사람 아닙니다. 맛만 보세요. 제가 자랑할 게 참외밖에 없거든요."

트럭 곁으로 올까 말까 망설이는 사람이 보이면 먼저 다가갔다.

"이모, 이모. 꼭 드릴 말씀이 있어요."

"저 아세요?"

"아뇨, 처음 뵙죠. 그런데 오늘 참외가 너무 맛있다고 말해드리려고요. 맛만 보세요."

횡단보도에 서 있는 사람들에게도 참외를 쓱 잘라 내밀었다.

"신호등은 기다릴 땐 참 안 바뀌죠. 그럴 때는 참외를 한번 드셔 보세요. 자, 여기 있는 소중한 분들께 참외 맛 보여드리겠습니다."

자신감과 함께 매출이 치솟다

작은 변화를 주었을 뿐인데 피부로 와 닿는 반응은 완전히 달라졌다. 만나는 모든 이들을 단골손님이라 여기고 웃으며 다가가자, 사람들도 기분 좋게 반응해주었다. 무엇보다 참외의 판매량이 달라졌다. 하루 일과를 마치고 나면 옷 안쪽의 전대가 눈에 띄게 두툼해졌다. 처음 트럭 장사를 시작했을 때는 매상이 하루 20만 원도 안 나오는 날이 허다했는데, 이제는 평균 150만 원 정도는 거뜬했고 많을 때는 300만~400만 원까지도 참외를 팔았다. 그렇게 번 돈으로 최대한 빚을 갚고 조금씩이나마 집에 생활비도 보낼 수 있었다.

자정을 넘긴 어느 늦은 밤, 집으로 들어가 아내 앞에 보란 듯이 전대를 툭 떨궜다.

"돈 좀 세봐. 너무 많아서 중간에 자꾸 까먹어. 귀찮아서 못 세겠다. 오늘 도대체 얼마나 번 거야? 돈 세다가 장사 못해. 돈은 당신이 세."

하루하루를 힘겹게 버텨내야 한다고 생각했는데, 이제는 새벽마다 트럭에 오르는 발걸음에 힘이 실렸다.

트럭 장사에 탄력이 붙자 이제 내 관심은 '어떻게 하면 더 많은 손님을 트럭으로 모을 수 있는가?'에 쏠렸다. '도곡동 물고기 총각'으로 이름을 날리던 시절처럼 갖가지 아이디어와 의욕이 샘솟았다.

그러던 어느 날, 참외를 고르던 아주머니 두 분의 대화에 무심코 귀를 기울이다가 한순간 귀가 솔깃해졌다.

"예준 엄마, 손에 들고 온 거 뭐야? 옷이네? 무슨 츄리닝을 이렇게 많이 샀어?"

"응. 남대문 갔다가 애들 거랑 애들 아빠 거랑 샀어. 거기는 매번 사람이 아주 바글바글해. 나는 처음에 보고 무슨 닭 모이 주는 줄 알았잖아. 다들 새카맣게 머리 숙이고서 옷만 고르더라고."

누군지는 몰라도 장사하는 재주가 기막힌 사람인 듯했다. 그렇지 않아도 매출을 높일 획기적인 방법을 고민하던 터라, 손님들의 이야기에 슬쩍 끼어들었다.

"이모, 제가 참외 하나씩 더 드릴게요. 그 옷 장사 아저씨 어디로 가면 뵐 수 있어요?"

"왜, 총각도 참외 장사 그만두고 옷 장사 하려고?"

"그럴까 봐요. 나도 트럭에서 옷 좀 팔아볼까요?"

물론 옷 장사를 할 생각은 아니었다. 그분을 만나면 뭐라도 배울 것이 있으리라는 생각에 한번 만나보고 싶었다.

'츄리닝' 판매왕을 찾아나서다

바로 다음날 남대문으로 찾아갔다. 트레이닝복 전문이라는 그분은 멀찍이서 봐도 '장사의 귀재'라는 느낌이 물씬 풍겼다. 한 평도 안 되는 작은 좌판에는 옷이 수북이 쌓여 있었고, 중간에는 플라스틱 의자가 하나 덜렁 놓여 있었다. 아저씨는 그 위에 올라서서 타령을 하듯 신나게 외쳤다.

"보소 보소 보소~ 옷 보소~ 날 보지 말고 옷 보소. 츄리닝 보소~"

들었던 대로, 사람들은 모두 좌판에 얼굴을 묻고 옷을 고르느라 정신이 없었다. 사실 옷의 품질은 특별할 것이 없었다. 남대문 시장에서는 흔하디흔한 이미테이션 제품이었고 가격이 딱히 싼 것도 아니었다. 그런데 이상하게도 이곳에만 사람들이 몰려들었다.

한참을 보고 있어도 사람은 줄지 않았다. 조금 빠져나갔다 하면 어느새 새로 몰려와 비집고 들어갈 틈조차 없었다.

아저씨와 이야기라도 나누려면 아침 일찍 다시 와야겠다고 생각하고서 자리를 떠났다.

다음날, 새벽같이 찾아간 남대문에서 나는 예상치 못한 광경을 목격했다.

아저씨는 막 도착한 옷들을 내리는 중이었다. 그런데 옷을 보기 좋게 정리하는 것이 아니라 오히려 마구 뒤섞는 것이었다. 색상별, 크기별, 종류별로 입고된 옷들은 아무렇게나 섞여서 산이 되어갔다.

궁금증을 참지 못하고 불쑥 말을 걸었다.

"아저씨, 옷을 종류별로 행거에 걸어놓으면 더 깔끔하지 않아요?"

아저씨는 아무 대답 없이 못마땅한 눈빛으로 나를 쏘아보았다. '뭐야? 아침부터 재수 없게……'라고 말하는 듯한 표정이었다.

머쓱한 채로 한참을 서서 보고 있자니 아저씨가 퉁명스레 한마디를 했다.

"뭐 볼 거 있다고 구경하고 그래요?"

"실은요……. 제가 과일을 파는데 어떤 손님이 그러시더라고요. 남대문에 장사가 그렇게 잘되는 집이 있다고요. 그래서 스승님으로 삼고 싶어서 찾아왔습니다. 제가 옷 장수는 아니고 과일 장수지만 배울 게 참 많습니다. 좀 가르쳐주세요, 스승님!"

"스승은 무슨. 길거리 좌판 장사꾼한테……."

다시 입을 꾹 다문 그분 옆에서 옷 비닐도 뜯어주고, 이런저런 허드렛일을 도우며 조금씩 말을 걸었다.

"사장님, 왜 비닐을 이렇게 다 뜯어서 옷을 섞나요?"

장사하는 사람들, 특히 길거리의 장사꾼들은 보통 다른 장사꾼을 경계한다. 동종업계의 업자가 염탐을 하는 것일 수도 있고, 필요한 노하우만 얻고서 쌩하니 가버리는 사람들도 많기 때문이다. 이분 역시 나에게 마음도, 입도 쉽사리 열지 않았다.

"총각인지, 아저씨인지 모르겠는데 자꾸 앞에서 헷갈리게 그러지 말고 가요. 내가 해도 되니까."

"더운데 음료수라도 하나 드세요."

나는 주특기인 능청을 떨면서 오히려 더 바싹 다가갔다.

"여기 핸드폰 속에 사진 좀 보실래요? 이게 제 트럭이에요. 이거는 장사할 때 제 모습인데 손님한테 부탁해서 한 장 찍어달라고 한 거예요. 아, 요 녀석이 이제 두 살배기인 막내예요. ……누군들 안 그러나 하겠지만, 제가 참 절박해요. 어디든, 누구든 제가 배울 수 있는 분이면 꼭 뵙고 싶다는 생각으로 이렇게 왔어요."

손님은 트럭에서 백화점을 기대하지 않는다

한숨을 한번 짧게 내쉰 아저씨는 내가 건넨 음료수를 마시며 이야기보따리를 풀었다.

"장사는 군중심리가 중요해. 저기 사람들이 모였다 싶으면 다들 그러잖아. '뭔가 볼 만한 게 있나보네. 한번 가보자.' 한 사람, 두 사람, 세 사람이 되면 나머지는 자석에 끌리듯 다가오게 돼 있어. 나도 왠지 안 사면 안 될 것 같거든.

그렇게 만들려면 사람들 발목을 잡아야 해. 맛집에 사람들이 왜 힘들게 줄을 서 있는데? 한여름에 소문난 삼계탕 집을 가봐. 덥다고 사람들이 줄 안 서나. 그게 군중심리야. 그걸 잘 이용하는 게 바로 장사꾼이라고. 나한테 한 사람 오기가 어디 쉬워? 그렇게 어렵게 온 한 사람을 쉽게 보내면 안 되지. 그래서 옷을 이리저리 섞어 놓는 거야. 최대한 오래 머물라고."

속으로 '아하!' 싶었다. 맞는 말이었다. 우리는 백화점도, 고급 매장도 아니다. 거리의 좌판에서 정갈함이나 쾌적함을 기대하는 손님은 없다. 트럭에서 물건을 팔 때 가장 중요한 것은 따로 있었다. 풍성함, 그만큼 저렴해 보이는 가격, 거기에 시끌벅적한 흥이 더해지면 누구라도 한번쯤 돌아보게 된다.

과일이라고 꼭 바구니나 봉지에 담아 가지런히 진열할 필요는 없었다. 왜 여태 남들과 같은 방식만 고집했던 걸까. 과일이 사람 손 좀 타면 어떻고, 나중에 시원찮은 것들만 남으면 또 어떤가. 떨이로 팔면 되는 것을. 여기까지 생각이 정리되자 가슴이 시원해졌다.

희망을 가르쳐준 장사의 스승들

"스승님, 말씀 감사합니다. 제가 정말 중요한 걸 배웠습니다."

나는 남대문의 고수에게 꾸벅 인사를 하고 가벼운 발걸음으로 트럭에 올랐다. 지금껏 봉지에 일일이 담아서 진열했던 참외를 그날은 트럭에 모조리 부어버렸다. 그러고는 풍성하게 흐드러진 참외를 손님들이 직접 골라서 봉지에 담도록 했다.

결과는 놀라웠다.

"참외 맛보고 가세요. 한 봉다리 5,000원~"

"몇 개에 5,000원이에요?"

"작은 것은 열다섯 개 가져가시고요, 큰 건 열 개 정도 담으면 이 봉지가 꽉 차요. 자, 여기에 담으실 만큼 담으세요. 봉지가 묶이기만 하면 됩니다. 넘치면 뺍니다~ 저도 조금은 남아야 먹고 살죠~"

"아저씨, 나 팔이 안 닿는데 거기, 거기 있는 것 좀 줘요."

"이야~ 이모 진짜 참외 고르기 달인이시다. 내가 숨겨놨는데 어찌 아셨대? 먼저 본 사람이 임자지, 뭐. 여기요~"

참외가 거의 다 팔리고 조금밖에 남지 않았을 때는 손님들 사이에 가벼운 말싸움도 벌어졌다.

"아주머니, 이거 제가 고른 거예요."

"아, 몰랐지. 총각! 나도 얼른 봉지 하나 뜯어줘 봐. 골라 담게."

때로는 봉지가 묶이지 않을 정도로 욕심껏 담는 사람도 생겼다. 한 사람의 행동이 주변 사람에게 쉽게 전염될 수 있기 때문에, 그럴 때는 기분 나쁘지 않은 말로 적절히 눈치를 줬다.

"어머니, 어머니 반칙~ 엄마, 이거 한강에서 잡초 뽑듯 가져온 게 아니에요. 저도 사 온 거예요. 오늘 우리 막내딸 어린이집 원비 밀린 거 내는 날이에요. 오늘은 제발 이러지 마. 죄송한데 살짝 덜 어냅니다~ 그래야 집에 가서 마누라한테 밥이라도 달라고 하죠."

나중에는 종이에 큼지막하게 손 글씨를 써서 붙이기도 했다.

'정량만 가져가는 손 예쁜 손. 많이 가져가는 손 나쁜 손'.

손님들이 과일을 고르면서 이것저것 꾹꾹 누르는 것도 주의를 주어야 할 부분이었다. 그럴 때는 옆에서 보고 있다가 "아야, 아이고 아파라~" 하고 엄살을 떨었다. "어머, 어디 아파요?" 하고 손님이 물으면 "이건 내 입에서 나는 소리가 아니에요. 참외가 내는 소리예요"라고 능청을 떨었다. 다 같이 웃으면서도 적절히 제지할 수 있는 효과적인 방법이었다.

얼마 후부터는 참외가 조금이라도 더 풍성해 보이도록 적재함의 날개 부분을 모두 밑으로 내렸다. 그리고 참외가 밖으로 쏟아져 내리지 않도록, 투명한 아크릴 판을 길게 잘라서 3면을 막았다. 이렇게 하니 트럭 안의 참외 전체가 한눈에 들어오는 효과가 있었다.

미아리나 남대문의 장사 선배들에게서 내가 배운 것은 단순히 장사의 요령이 아니었다. 그것은, 마음먹기에 따라 외딴섬 같기만 하던 트럭도 활기와 웃음이 넘치는 삶의 터전이 될 수 있다는 태도, 혹은 희망의 이야기였다.

진짜 장사꾼으로
거듭나다

아들 같은 장사꾼

　내가 변하자 나를 대하는 사람들
의 태도도 달라졌다. 한때는 트럭만 보면 쫓아와서 역정을 내던
주변 상가 분들이 이제는 누구보다 든든한 응원군이 되었다. 폭우
가 내리든 한파가 몰아치든 절대로 쉬는 법 없이 열심히 장사하는
모습이 기특하면서도 한편으로는 짠하다고들 했다.

　족발집 사장님은 나를 보면 가장 먼저 나온 따끈한 미니족을 내
주곤 하셨다.

　"총각 보면 내 아들 같아. 딸이라도 있으면 사위 삼고 싶을 정도
야. 배고프면 와서 언제든지 말해."

　여름에는 냉커피를 겨울에는 따뜻한 차며, 손수 찐 고구마를 나
눠주던 젊은 부동산 사장님 부부. 가족들 먹을 김밥까지 넉넉히

싸서 손에 쥐어주던 김밥집 사장님도 잊을 수가 없다.

야쿠르트 아주머니와는 허물없는 친구가 되었다. 아주머니는 "오늘 단속 벌써 나왔다 들어갔어. 그러니까 두 시간 동안은 괜찮을 거야." 하고 요긴한 정보를 귀띔해주었고, 나도 아주머니가 일이 있어 잠시 자리를 비울 때면 기꺼이 야쿠르트 카트를 봐주곤 했다.

주변 상인들뿐 아니라 손님 중에서도 내게 유독 마음을 써주는 분들이 생겨났다. 어떤 어머님은 아파트 창문 밖으로 내가 온 것을 보면 매번 따뜻한 국을 보온병에 담아서 내다주곤 하셨다. 미국으로 이민 간 아들 생각이 난다며 '고맙다'는 말을 볼 때마다 하셨다.

"젊은이가 바르게 사는 모습이 참 고마워. 어려우면 나쁜 생각하는 사람들이 얼마나 많아. 이렇게 제대로 살아줘서 고마워."

'감사합니다'를 입에 달고 사는 장사꾼 입장에서 손님에게 듣는 감사의 말은 그 깊이가 남달랐다. 게다가 다른 이유도 아닌 '잘 살아줘서' 고맙다니……. 그 어떤 칭찬보다도 마음을 들썩이게 만드는 응원이었다.

내가 특별한 재주를 부린 것도 아니었다. 그저 어떤 상황에서든 웃으면서 노력했을 뿐이었다. 길거리에 의자 하나 놓고 가만히 앉아 있는, 그런 장사꾼은 되지 말자고 마음먹었을 뿐이다. 누군가에게 쓴소리를 들으면 더 활짝 웃었고, 지나가는 할머니나 청소하는 분들께는 참외라도 한 쪽 건네는 여유를 잃지 않았다.

그 결과는 '더 많은 손님'이라는 보상으로 돌아왔다. '트럭 총각이 참 성실하고 유쾌하더라', '과일도 양심적으로 팔 것 같다', '먹어보니 다른 데보다 싸고 괜찮더라'. 한 사람, 한 사람이 옮긴 평가가 온 동네에 퍼지는 데는 많은 시간이 걸리지 않았다.

영원히 오지 않을 것 같았던 날

트럭 장사를 시작하고 1년이 조금 넘었을 때, 영원히 오지 않을 것만 같았던 그날이 불쑥 찾아왔다.

나는 통장이 여러 개였지만 잔고는 늘 0원이었다. 예금을 하기만 하면, 대출 원금과 이자로 순식간에 원 단위까지 모두 빠져나가곤 했다. 여러 군데서 너무 많은 빚을 지다 보니 빚이 얼마인지조차 계산이 안 되었다. 사채까지 쓴 데다가 이제는 이자가 이자를 낳는 상황이라, 계산할 것도 없이 그냥 돈이 생기면 무조건 은행에 넣고 봤다.

그런데 이상했다. 며칠 전에 넣어둔 돈이 아직도 조금 남아 있었다.

그러고 보니, 그날 하루는 핸드폰도 잠잠했다. 쉴 새 없이 빚을 갚으라고 독촉하던 사람들의 목소리를 그날은 듣지 못했다.

'설마……'

나는 은행으로 달려갔다. 여기저기 전화를 걸어 대출 잔액을 확인한 결과, 그 끝도 없던 빚들이 거의 정리가 되었다는 걸 알았다. 조금 남은 것들도 며칠 내로 갚을 수 있을 정도의 금액이었다.

나는 통장을 손에 쥔 채 은행 소파에 그대로 엎드려 눈물을 흘렸다. 이 소식을 빨리 아내에게 알려야 한다는 생각에, 흐려진 눈을 비벼가며 간신히 핸드폰 버튼을 눌렀다.

전화기 너머로 아내의 목소리가 들려오는데 울음을 삼키느라 말이 잘 나오지 않았다.

"여보, 왜 그래. 무슨 일이야!"

"나…… 통장에 30만 원이 있어. 통장에 잔액이 있어!"

아내와 나는 핸드폰을 붙들고 한참이나 눈물바람을 했다. 통장에 30만 원이 있다며 감격에 겨워 흐느끼는 나를 보며, 은행 직원들과 다른 손님들은 '저게 무슨 상황인가.' 싶었을 것이다. 하지만 그 순간만큼은 남들의 시선을 신경 쓰고 싶지 않았다.

끈질기게 발목을 붙드는 절망을 죽기 살기로 떨쳐내며, 가장 어두운 밤을 걸어온 우리였다. 이제 밤은 끝났다. 희미하지만 분명히 밝아오는 아침을 맞으며 아내와 나는 서로를 위로하고 자축했다.

CHAPTER

3

3년 안에 삶을 바꾸는 장사의 노하우

처음 트럭을 몰고 거리로 나선 뒤로 6년이라는 시간이 지났다.

그때나 지금이나 나의 하루는 새벽 4시면 어김없이 시작한다. 달라진 것이 있다면, 이제 내가 트럭을 타고 향하는 곳은 길거리가 아니라 내가 손수 세운 물류센터라는 점이다. 서서히 동이 틀 무렵이면 예전의 나처럼 절절한 사연을 안은 트럭 장사꾼들이 이곳으로 몰려온다. 전국에서 직접 공수한 농산물을 트럭 장사꾼들에게 공급해주고 '트럭장사 사관학교'라는 교육 과정을 통해 장사의 노하우를 전수하는 것이 나의 역할이다.

강남에서 과일가게를 하던 시절 만들었던 브랜드 '국가대표 과일촌'은 이제 제대로 날개를 달고서 내 사업의 본거지 역할을 하고 있다. 트럭장사 사관학교도 국가대표 과일촌의 이름으로 운영하며, 나는 '배 감독'이라는 이름으로 사관학교 식구들을 이끄는 사수 역할을 한다.

현재 물류센터 전체의 연 매출은 100억 원을 넘어섰다. 국가대표 과일촌의 도움으로 트럭 장사꾼들 중 일부는 자신의 가게를 여는 꿈을 이루었고, 지금도 그 과정은 진행 중이다.

억대의 빚과 함께 밑바닥까지 떨어졌던 나는 어떻게 연 매출

100억 원의 농산물 유통센터 운영자가 되었을까? 트럭에서 배운 장사의 노하우와 삶의 교훈이 아니었다면, 나는 아직도 운명을 탓하며 하루하루 쫓기듯 살고 있을 것이다.

만약 '성공'이라는 것이, 세상과 치열하게 부닥쳐 나만의 열매를 얻고 그것으로 다른 이들의 꿈을 지지하는 것이라면 나는 분명 성공한 사람이다. 내가 트럭에서 배운 장사의 비결, 성공의 자세를 다음에 소개한다.

'HOW'의 방향을
'된다'로 설정하라

'HOW'의 의미는 저마다 다르다

장사를 배우러 오는 분들이나 사
관학교 식구들에게 내가 항상 하는 말 중 하나가 'HOW'의 방향
을 잘 잡으라는 것이다. 똑같은 상황에서도 '어떻게'는 완전히 다
른 의미로 쓰인다.

'이걸 어떻게 팔아?', '어떻게 이런 데서 장사를 하라는 거야?'
라고 질문을 던지면 답은 언제나 '포기'와 '실패'다. 하지만 '어떻
게 하면 이걸 사게 만들 수 있을까?', '어떻게 하면 저 사람들이 관
심을 가질까?' 하는 방향으로 고민하면 문제를 해결할 열쇠를 발
견할 수 있다. 물론 단번에 명쾌한 결론에 도달하지는 못할 것이
다. 시도하고 실수하고 실패하는 과정을 몇 번이고 거친 끝에 마
침내 'HOW'의 문을 여는 열쇠 꾸러미 속에서 열쇠 구멍에 꼭 맞

는 열쇠를 찾게 된다.

　사람들은 실패를 두려워한다. 그것을 직접 겪고 싶지 않다는 생각에 머릿속으로만 상상하고 시뮬레이션을 해본다. 그러고는 이미 겪어봐서 다 안다는 듯 섣부른 결론을 내린다. 하지만 그 경험은 진짜가 아니다. 내가 직접 뛰어들어 몸으로 겪은 것만이 '내 경험'이다. 그리고 경험이란 한 번, 두 번 반복할수록 진화한다. 처음에는 누가 봐도 '실패'라고 얘기할 만한 상황이 벌어진다. 하지만 다시 도전했을 때는 무승부가 되었다가, 마지막으로 도전했을 때는 명쾌한 판정승으로 승부가 뒤집어지기도 한다.

　그래서 실패란 넘어지지 않는 방법을 배우는 것이 아니라, 잘 넘어지는 방법을 배우는 것이라고 믿는다.

실패의 시뮬레이션

　트럭장사 사관학교를 찾은 사람들 중에도 'HOW'를 잘못된 방향으로 설정하는 이들이 종종 있다. 혹시 모를 실패에 대비해 미리 핑계를 생각해놓는 경우도 흔하다. 날씨가 궂어서, 경기가 안 좋아서, 꽃놀이 철이라서, 단풍이 절정이라, 연휴라서……. 끝도 없는 핑계로 방어막을 친 다음, 실패를 시뮬레이션 한다. 상상 속에 장사는 이미 파리를 날리고, 내가 물건을 못 파는 상황은 합리화된다. 그렇게 해서는 절대로 내 앞의 문을 여는 열쇠를 찾을 수 없다.

　무조건 긍정적으로만 생각하라는 것이 아니다. 문제가 무엇인지를 파악하는 것은 중요하다. 그다음, 그런 문제에도 불구하고 해낼 수 있는 방법을 생각해야 한다. 방법을 찾았다면 고민하지 말고 바로 행동에 옮긴다. 중요한 사실은, 머릿속에만 담고 있으면 결코 '내 경험'이 될 수 없다는 것이다.

물론 실패할지도 모른다. 하지만 이는 문 앞의 열쇠 구멍에 수많은 열쇠 중 하나를 넣어본 것에 불과하다. 더 많은 실패와 시행착오를 겪어야만 꼭 맞는 열쇠를 찾을 수 있고, 문을 열어 그 너머의 세상으로 갈 수 있다.

'오늘 같은 날씨에 이 정도 팔면 됐지. 어떻게 여기서 더 해?'라고 스스로 한계를 긋는 사람들이 있다. 문 너머를 궁금해하지도, 열쇠를 찾으려 시도하지도 않는 이들이다.

하루에 참외 100박스를 파는 법

트럭장사 사관학교에 입학한 사람들은 흔히들 이런 질문을 한다.

"배 감독님은 트럭 장사하실 때 참외를 평균 몇 박스나 파셨어요?"

"보통 하루에 100박스 정도 팔았죠."

"아니, 어떻게 그게 가능해요?"

"간단합니다. 매일 참외 100박스를 싣고 나가는 거예요. 못 팔고 남았어도 또 100박스를 싣는 거죠. 그렇게 자꾸 하다 보면 HOW를 생각하게 돼요. 어떻게든 이 물건을 팔아야 하니, 방법을 고민하는 거죠. 일단 들고 나왔으니까 피할 수는 없어요. 모조리 파는 방법을 찾는 수밖에요. 그런데 참 신기한 게 될 때까지 하다 보니까 정말 되더라고요."

한편, 물류창고에서 이렇게 말하는 팀원을 종종 만난다.

"감독님, 참외 20박스 주십시오."

"예. 그런데 늘 20박스 가지고 나가시는데…… 그 정도로 생활이 되세요?"

"에이, 안 되죠. 그런데 제가 팔 수 있는 게 20박스밖에 안 되니까 그렇죠."

스스로 한계를 설정한 이들에게 나는 마음의 키를 조금씩만 움직여보기를, 그 결과를 몸소 체득해보기를 독려한다.

"장사를 하러 나가서 하나도 못 팔아도 우리는 '장사를 했다'고 말하죠. 아무튼 장사를 하러 나간 건 맞으니까요. 하지만 배가 바다에 떠 있다고 모두 항해를 하는 것은 아닙니다. 가야 할 항구가 있어야 항해를 한다고 말하죠. 목적지가 없는 배는 표류라고 합니다. 장사를 할 때도 마찬가지예요. 매일매일 가야 할 항구가 있어야 장사를 한 거지, 그냥 되는 대로 시간을 보내면 그건 인생을 표류하는 것밖에 안 됩니다."

장사를 할 때 가장 무서운 존재는 나 자신이다. 매번 나에게 싸움을 걸고, 점점 더 강해지는 나를 상대로 계속해서 HOW를 고민하는 사람은 삶 전체의 방향이 바뀌게 된다. 그 화살표는 내가 상상치 못했던 곳으로 나를 인도할 것이다.

'안 되는 날'이란, 될 만한 특별한 이유가 있는 날

트럭 장사는 일기의 영향을 많이 받는다. 나도 물론 그랬다. 하지만 날씨 때문에 쉬는 법은 없었다. 오히려 비가 오는 날은 이 세상이 다 내 자리인 듯해서 신이 났다. 비가 오면 좌판을 벌리는 장사꾼들이 모두 들어가고, 트럭 장사들도 대부분 쉬는 날이라고 못을 박는다. 단속반도 한결 수그러든다.

비 오는 날이라 해서 하루 종일 장대비가 내리붓는 경우는 거의 없다. 비가 잠시 긋는 타이밍이 되면 이제 본격적으로 장사에 나선다.

초복이었던 어느 날 종일 비가 내렸다. 새벽부터 꽤 많은 비가 내려 예상대로 거리에는 좌판이든 트럭이든 장사꾼들의 모습이 보이지 않았다. 하지만 경험상 초복은 장사가 가장 잘 되는 날이다. 초복, 중복, 말복 중에서도 최고는 초복이다. 나는 이 특별한 하루가 너무 아까웠다. 비가 온다고 물량을 줄여서 나가는 것이 아니라, 오히려 평소보다 더 많은 참외를 실었다. 그리고 평소에는 좀처럼 도전하기 힘들던 명당자리로 향했다. 시장 인근이라 원래는 트럭을 세웠다 하면 상인회 사람들에 둘러싸여 내쫓기거나, 득달같이 단속이 들어오던 곳이었다.

아침부터 그 자리에 차를 대고 일부러 내리는 비를 다 맞았다. 여름옷들은 빨리 마르기 때문에 젖어도 큰 걱정이 없다. 다만 속옷은 잘 마르지 않기 때문에 일부러 입지 않았다. 비를 맞는 데는 물론 이유가 있다. 비를 피한답시고 트럭에 앉아 있으면 손님들이 절대 물건을 사러 오지 않는다. 반대로, 장사꾼이 비를 쫄딱 맞은 채 외치고 있으면 지나가던 사람들이 한 번이라도 더 쳐다보고 참외 하나라도 더 사 간다.

점심때 즈음이 되자 비가 잠시 그쳤다. 비가 그친 두어 시간 동안은 내가 평생 장사를 하면서 가장 바빴던 시간이었다. 100박스가 넘는 참외가 한 시간 만에 모두 동이 나버렸다. 순식간에 참외가 모두 없어져서 한 번 더 물건을 실어 왔다. 가는 곳마다 자리가 비어 있으니, 점찍어둔 곳 어디든 트럭을 댈 수 있어 온 세상이 내 것인 듯했다. 이날 나는 야간 장사까지 해서 모두 150박스가 넘는 참외를 팔았다.

'안 되는 날'이란 없다.

오히려 될 만한 특별한 이유가 있는 날이다.

트럭 장사꾼의 1,440분 활용법

트럭 장사를 할 때는 시간 단위로 이리저리 옮겨 다니게 된다. 아침 시간에 장사하는 곳과 밤에 장사하는 곳, 그리고 새벽 장사를 하는 곳이 수시로 바뀐다. 이동이 쉽다는 트럭의 장점을 최대한 살리는 장사 전략이다.

다시 말하지만 '안 되는 시간'이란 없다. 내 입장에서 팔릴 만한 곳이 아니라 고객 입장에서 살 이유가 있는 곳을 찾아가면 시간의 제약에 얽매일 이유가 없어진다.

AM 09:00 재래시장의 주부들을 공략하기

아침 시간대에는 주로 시장 주변에 트럭을 댄다. 갓 입고된 신선한 물건을 사고 싶어 하는 어머니들을 아침 시장에서 많이 만날 수 있다. 오전에 미리 장을 봐두고 오후 시간을 여유 있게 보내려는 주부들도 시장 주변으로 모여든다.

이때 주의해야 할 것은, 재래시장이라 이름 붙은 곳이라 해도 상권이 죽은 곳이 꽤 많다는 점이다. 트럭 장사를 처음 시작하는 이들 중에는 서울과 경기도 지리를 잘 모른 채 내비게이션 검색만으로 시장을 찾아갔다가 낭패를 보는 경우가 종종 있다. 이름만 재래시장이지 건물만 하나 달랑 있는 곳도 있고, 시장 자체가 이미 없어진 곳들도 있다.

그렇다고 "제가 지방에 살아서 서울 지리를 잘 몰라요." 하며 뒤로 빼면 아무것도 할 수 없다. 나 역시 한 동네에서만 쭉 살아서 한강 너머는 깜깜했다. 직접 부딪쳐보면서 내가 장사할 곳을 하나하나 확보해나가는 수밖에 없다.

PM 08:30 밤 장사의 메카, 지하철역 주변

재래시장 주변이 북적이는 것은 저녁 8시 정도까지다. 그 이후가 되면 사람들의 발길이 끊겨서 장사도 좀처럼 되지 않는다. 밤에 장사하기 가장 좋은 트럭 상권은 바로 지하철역 주변이다.

처음 트럭 장사를 시작했을 때, 1호선이 이동 인구가 많다고 판단해서 수원역으로 간 적이 있다. 예상대로 사람들은 치일 정도로 많았지만 이상하게 물건은 팔리지가 않았다. 안 되겠다 싶어 수원역과 이어져 있는 다른 1호선 역들로 장소를 옮겼지만 결과는 마찬가지였다.

'이렇게 사람이 많은데 왜 장사가 안 되지?' 하고 곰곰이 생각해보고 내린 결론은, 1호선 라인을 이용하는 사람들은 대부분 환승을 목적으로 하기 때문이라는 것이었다. 역에서 내려 집까지 걸어가는 사람들은 별로 없었다. 중간에 무거운 과일을 사는 건 아무래도 부담이 되었으리라. 반대로 인근에 주거단지가 밀집된, 그리 오래되지 않은 노선의 지하철역들은 장사가 훨씬 잘 된다.

AM 12:00 쇼핑몰에 잠입하기

지하철역 주변의 밤 장사는 한계가 11시에서 11시 30분 정도다. 아무리 막차 시간이 남아 있어도 그 시간을 넘기면 손님이 거짓말처럼 뚝 끊긴다.

나는 이후 새벽으로 넘어가는 시간대에는 어디에서 장사를 해야 할까 고민했다. 갚아야 할 빚이 산더미 같던 시기에는 남들이 자는 새벽 시간도 함부로 흘려보낼 수가 없었다. 그래서 처음에는 술집들이 몰려 있는 유흥가로 가보았다. 그 시간에도 행인은 있었지만 술 취한 사람들이 과일을 사는 경우는 드물었고, 오히려 괜한 시비만 붙는 경우가 많았다.

"참외네. 참외 맛있지."

횡단보도 앞에 트럭을 세워놓고 있으면 술이 거나한 취객들이 비틀거리며 말을 걸었다.

"그럼요, 꿀참외입니다."

"어디 하나 줘봐."

"예, 여기 한 봉지 3,000원입니다."

"아니 누가 봉지로 달래. 하나만 줘봐. 깎아서. 먹어봐야 알지, 맛이 있는지 없는지."

"아…… 예, 여기 드셔보세요."

"음, 맛있네. 다음에 살게."

이렇게 참외를 깎아달래서 맛만 보고 가는 이들이 있는가 하면, 만 원짜리를 주고 나서 자기는 5만 원권을 줬다고 막무가내로 우기는 사람도 있었다. 장사가 신통치 못한 것은 둘째 치고 장사할 의욕마저 꺾이는 일이 반복되자 유흥가로는 다시 가지 않았다.

다음으로 찾아간 곳은 동대문 같은 새벽의 옷 시장이었다. 쇼핑몰 안의 상인들을 타깃으로 장사를 하려고 보니, 길가에 트럭을 세워놓고 외치는 방법은 소용이 없었다. 그래서 나도 일단 쇼핑몰 안으로 들어가야겠다고 마음을 먹었다.

참외 보따리를 주렁주렁 들고 건물 안으로 들어가면 보안요원 눈에 걸릴 것이 뻔했다. 그래서 생각해낸 수가, 큼직한 여행용 캐리어를 이용하는 것이었다. 옷을 납품하는 업자인 척 천연덕스럽게 인사를 하고는 참외가 봉지 봉지 가득 든 캐리어 두 개를 건물 안으로 들이는 데 성공했다. 그러고는 각 층마다 돌아다니며 상인들에게 참외 맛을 보여주면서 '방문 판매'를 했다.

AM 03:00 버스에 칼을 들고 오르다

새벽 3시 정도면 다음 장소로 이동을 했다. 그 시간에 물건을 팔 수 있는 곳은 버스 터미널이었다. 터미널에는 지방에서 올라온 대절 버스들이 승객들을 태운 채로 정차해 있곤 했는데, 그런 버스가 나의 목표였다. 나는 먼저 버스 기사에게 참외를 건네면서 양해를 구했다.

"사장님, 안녕하세요. 수고하십니다. 참외 좀 드시고 운전하세요. 그리고 죄송하지만, 제가 잠시 차에서 승객들께 참외 좀 맛보여 드리고 갈 수 있을까요?"

매몰차게 거절하는 기사 분은 거의 없었다. 그 다음부터 잠깐 동안은 나의 시간이었다.

"안녕하세요. 성주에서 올라온 싱싱한 성주 꿀참외 홍보차 나왔습니다. 부담 갖지 마시고 맛만 한번 보세요."

손님들은 대부분 맛있다고 고개를 끄덕였지만 참외를 사지는 않았다. 왜 그럴까 관찰해봤더니 문제는 깎아 먹을 칼이 없다는 것이었다. 짐도 많은 분들이라 버스 안에서 참외를 다 먹고 이동하는 편이 아무래도 편할 터였다. 그 다음부터는 접이식 칼을 잔뜩 사서 버스마다 하나씩 나눠주는 방법을 썼다. 주머니칼 하나에 비싸야 1,000원이니, 그 정도면 할 만한 투자였다.

AM 05:00 해장국집 이모들의 피부 관리에 나서다

버스 순회를 한 바퀴 하고 나면 새벽 5시 정도가 된다. 남은 시간을 다시 한 번 쪼개 이번에는 해장국집 거리로 향한다. 새벽 5~6시 무렵은, 해장국집에서 일하는 이모들이 퇴근을 준비할 시간이다. 오전 타임에 일하는 분들과 교대하기 전까지 잠깐 여유를 부릴 수 있는 시간이기도 하다. 이분들은 생활 패턴 때문에 장을 보기가 여의치 않다는 점을 공략해 식당을 돌며 또 한 번 방문 판매를 했다.

"이모, 바쁘셨나보다. 요즘 다들 장사 안 된다고 하던데 여기는 맛이 특별한가 봐요."

과일을 깎아서 맛을 보라고 건네고는, 그동안 컵이라도 치우며 일손을 거든다.

"피곤할 때 시원한 수박 한 쪽 드시고 주무세요. 세상이 그냥 내 것 같잖아요."

"피로 회복에는 새콤달콤 자두죠. 비타민 덩어리라 피부에 얼마나 좋다고요."

AM 07:00 두 시간의 에너지 충전

이렇게 새벽 장사를 모두 마치고 나면 오전 7시쯤이 된다.

이제 나도 눈을 좀 붙이려 한산한 산책로로 가서 차를 댄다. 출근 시간에는 장사도 힘들고 제지도 많이 당하기 때문에, 이때는 쪽잠을 자며 에너지를 보충한다. 그래 봐야 두어 시간이지만, 꿀 같은 잠을 죽은 듯이 자고 일어나면 몸이 제법 개운하다.

과일이 지방에서 올라오면 보통 밤 12시 전후로 도착하기 때문에 물건은 밤에 보충한다. 장사가 덜 되는 저녁 7시부터 9시 사이에는 드디어 집으로 향한다. 잠깐이지만 아이들과 신나게 몸으로 놀아주고, 종일 주렸던 배도 양껏 채운다.

몸살이 나도 단단히 날 것 같은 일정이지만, 습관이 되면 이것도 당연하게 여겨진다. 하루 중 버리는 시간, 버리는 에너지가 한 톨도 없어야 한다는 강박증에 가까운 신념이 나를 움직였다.

그렇게 만 1년을 꼬박 채웠을 때 까마득하기만 하던 빚이 어느새 사라졌고, 3년이 지났을 때는 제법 큰 물류센터 두 곳을 가지게 되었다. 그리고 6년이 지날 무렵, 예전의 나와 같던 이들을 도와 연 100억 원의 매출을 올리는 사업가가 되었다.

장사판 불변의 법칙

내가 처음 장사를 배웠던 야채가게에서 전수받은 '장사의 필살기'가 하나 있다. 이 필살기 하나만으로, 그곳에서 보낸 6년이 전혀 아깝지 않다 말할 수 있을 정도다.

"물건은 깔아놓은 만큼, 맛보여 준 만큼, 외친 만큼 나간다."

덧댈 것 없는 완벽한 설명이다.

물건은 많을수록 좋아 보이고 싸 보인다. 또 더 신선해 보이기도 한다. 간혹 거리의 과일가게들을 지나다보면 수박 열 통, 참외 두 박스, 사과 한 박스 하는 식으로 자잘하게 물건을 내놓고 파는 경우를 본다. 팔고 남은 것 같은 인상을 주어 신선해 보이지가 않고, 사고 싶은 충동도 생기지 않는다.

또 한 가지, 손님들에게 맛을 보여준 만큼 팔린다는 것 또한 진리다. 눈으로 봤을 때는 '맛있겠다'라는 생각이 들 뿐이지만 직접 먹었을 때는 '맛있다'는 느낌을 체감한다. 게다가 입을 댔다는 미안함도 더해져 십중팔구 지갑을 열게 된다.

그래서 장사꾼은 "안 사셔도 되니까, 일단 맛부터 보세요." 하고 손님을 끈질기게 붙들어야 한다. 장사꾼에게 다른 특별한 광고란 없다. 일단 와보라고, 향이라도 맡아보라고, 그리고 일단 맛만 보라고 외쳐야 한다.

문제는 대부분이 이 단순한 장사의 비법을 실천하지 못하고 몸을 사린다는 것이다. 날이 궂어서, 오늘따라 거리에 사람들이 없어서, 옆에 다른 과일 장사가 널려 있어서……. 핑계를 찾자면 핑계거리 아닌 것이 없다. 그래서 나는 이렇게 말한다.

"팔면 되지!"

장사를 시작하고 도매상을 돌며 내가 가장 많이 했던 말이다.

"에이, 그걸 많은 걸 오늘 안에 다 판다고?"

"해봤어? 일단 해보고 얘기하자."

이것이 나의 대답이다. 그러곤 가득 실어온 물건을 풍성하게 깔고, 지나가는 손님 붙잡아 맛을 보이고, 목이 터져라 소리를 지른다. 그랬을 때 '팔면 되지'가 '팔아도 안 되네'로 끝난 적은 지금껏 없었다.

머릿속으로 백날 생각해봐야 장사가 될 리 없다. 그래서 해보기나 하고 후회하라는 것이다. '물건은 깔아놓은 만큼, 맛보여 준 만큼, 외친 만큼 나간다'가 진짜 비법이 되려면 가장 중요한 한 가지를 덧붙여야 한다. '실행하라'. 그것이 장사판 불변의 법칙이다.

일단 몸으로 부딪쳐라

트럭장사 사관학교에서 교육을 마친 후 바로 장사를 시작하는 분들도 많지만, 차일피일 자꾸 미루는 이들도 있다.

"아직 준비 안 되셨어요? 차량 준비되고 장사할 수 있게끔 손도 다 봤는데, 바로 장사 시작하지 그러세요?"

"그게, 준비는 다 마쳤는데 지리를 몰라서요. 차를 좀 더 몰고 다니면서 지리도 익히고 장사 자리도 보려고요."

교육을 받을 때는 누군가가 동행해주고, 장사 연습을 할 때도 이미 닦아놓은 터에서 하는 것이라 큰 어려움은 없다. 하지만 이제 혼자서 모든 것을 해야 한다고 생각하니 두려움이 앞서는 것이다. 그 두려움을 이기지 못하는 사람들은 트럭 장사를 오래 하지 못한다. 가장 기본인 차대기에서부터 자꾸 물러서다가 하루를 공으로 날리기 예사다.

자리라는 건 장사에 실제로 뛰어들어서 찾아야 보이기 시작하지, 시내 구경하듯 여유롭게 드라이브하면서는 수박 겉핥기를 면할 수 없다.

처음 트럭 장사를 나갔을 때 "아저씨! 내가 여기서 10년을 장사했어. 어디다 차를 갖다 대는 거야!"라며 시비를 거는 사람들이 많왔다. 경험도 없고, 거기다 배짱까지 없다면 바로 트럭을 빼기 십상이다.

하지만 초짜일수록 때로는 배짱도 필요하다.

"아저씨! 아저씨도 노점이고 나도 노점인데, 여기가 아저씨 자리라는 법 있어요? 그리고 아저씨 자리면 일찍 일찍 와야지. 장사 10년 했는데 아직도 트럭 장사면 이제 그만하셔야지."

"아니, 이놈이! 어린 게 어디서 반말이야!"

"아저씨가 먼저 짧게 말했잖아."

한번쯤 이렇게 기 싸움을 하면서 목이 좋은 자리를 차지해보는 경험이 필요하다. 장사가 안 되는 곳에서 3시간을 파는 것보다는 30분을 팔다 쫓겨나더라도 장사 잘 되는 곳에서 바짝 매상을 올리는 편이 훨씬 효율적이기 때문이다. 그런 경험을 거쳐야 자리 보는 눈이 생기고, 자신감도 부쩍 높아진다.

오라는 곳 없는 트럭 장사라지만 그렇다고 이 사람 저 사람에게 밀리기 시작하면 끝이 없다. 시끄러울 일 없는 곳, 그러나 손님 또한 없는 곳에서 파리만 날리는 수밖에.

오늘은 인생의 가장 완벽한 날

열다섯 명 정도의 트럭 장사꾼들이 함께하는 트럭장사 사관학교. 늘 화기애애한 곳이지만, 장사를 나가기 직전의 아침 시간에는 사뭇 진지한 분위기가 감돈다.

트럭에 시동을 거는 순간, 마음속의 갈등도 함께 북적인다.

'오늘 장사가 잘될까?', '저번에 거기 단속이 심했는데······ 오늘도 그러면 어쩌지?', '마트 주인이 한 번 더 오면 신고한다고 했는데 차라리 다른 곳으로 갈까?'.

별의별 생각이 다 들면서 자신감도 떨어진다. 이건 경험이 많다고 해서 사라지는 증상이 아니다. 마치 권투선수가 링 위에 오를 때와도 같은 마음일 것이다. 상대 선수가 어떤 전략을 펼칠지 알 수 없고, 언제 KO패를 당할지 모르는 일이다. 당연히 심각해질 수밖에 없다.

장사꾼들이 이 상황에 대처하는 방법은 두 가지다.

첫 번째는 미리 걱정을 하고, 일어나지 않은 상황을 기정사실화한다. 단속반이 올 것을 대비해 아예 인적이 드문 장소를 택한다. 비가 온다는 일기예보를 들으면 '어차피 내일은 장사가 안 되겠지'라고 단정 짓고 장사를 접는다.

명절 뒤끝은 비수기이니 당연히 손님이 없을 거고, 주말도 마찬가지다. 한여름은 휴가철인데 누가 과일을 사러 오겠는가? 벚꽃 피는 4월은 꽃구경 가느라, 가을에는 단풍놀이하느라, 2월은 공과금이 많이 나가는 달이니 손님이 올 리 없다. '안 되는 상황'의 시뮬레이션으로 머릿속이 꽉 차서 몸은 '절약 모드'에 돌입한다.

또 다른 부류의 장사꾼은 걱정을 잠재우고 일단 행동에 나선다. 만약 문제가 생기면 그때 가서 보완하면 된다.

비가 오면 평소 노점상들이 점령했던 명당자리로 파고든다. 단속에 한 번 걸렸던 자리는, 그때 단속반이 나타났던 시간대를 피해서 가본다. 아파트 주변은 요즘 사람이 없으니 좀 부대끼더라도 시장 주변으로 과감하게 가본다. 일어나지 않은 일은 고민하지 않고 일단 시도해보는 것이다.

두 사람이 어떤 결과를 맞을지는 아마 쉽게 예상할 수 있을 것이다. 전자의 장사꾼은 30년을 장사해도 형편이 나아지지 않는다. 세월과 함께 나이만 먹을 뿐, 한걸음도 앞으로 나아가지 못한다. 그러나 후자의 장사꾼은 목표를 이루고 스스로 꿈을 만들어나갈 것이다.

한국은 여름에 덥고 겨울에 추운 것이 당연한 나라다. 여름에 장마가 지고, 겨울에 폭설이 내린다고 날씨를 원망하고 변명거리로 삼는 사람은 장사가 아닌, 다른 어떤 일을 하든 불평을 늘어놓을 것이다.

사관학교 교육을 마친 팀원들은 아침에 출근하는 트럭 안에서 매일 한 가지 숙제를 해야 한다. '오늘이 내 인생에서 가장 장사하기 좋은 날인 이유'를 세 가지씩 생각해내고, 세 번 이상 외치는 것이다.

한파로 영하 20도까지 기온이 떨어진 날, 어떤 팀원은 이렇게 말했다.

"오늘은 트럭 대기 너무 좋은 날이죠. 길거리에 트럭 장사들이 안 나오고, 가게들도 앞에 죄다 가림막을 설치합니다. 오늘 같은 날이 또 어디 있겠습니까?"

HOW의 방향이 내 시간을, 내 하루를, 내 인생을 움직인다는 것을 잊지 말라. '안 되는 이유'를 삭제하고 그 자리에 '되는 이유'를 입력하라. 그리고 당신의 삶이 어떤 그림을 출력하는지 지켜보라.

물건 대신
말을 팔아라

마음의 저울을 움직여라

횡단보도 앞에서 신호를 기다리고 있다고 생각해보라. 맞은편 도로에는 과일 트럭이 서 있다. 신호가 바뀌고, 횡단보도를 건너는 짧은 순간 동안 머릿속으로는 과일을 살까 말까 하는 갈등이 반복된다.

'자두가 슈퍼보다 훨씬 싸네? 그런데 요즘 자두 맛이 좀 그렇던데. 가격만 싸지 물자두 아니야?'

'냉장고에 과일 잔뜩 있는데. 그거 다 먹고 살까? 다음에도 트럭 또 오겠지.'

이때 마음의 저울은 50대 50으로 팽팽하게 수평을 이루는 상태다. 이 저울의 한쪽 접시를 손가락 끝으로 톡 건드려주기만 해도 저울은 한쪽으로 순식간에 기울어진다. 그 힘의 크기를 눈금으로 따지면 1눈금도 채 되지 않을 것이다.

장사꾼은 그 한 눈금을 움직일 줄 알아야 한다. 손님이 마음속으로 살까 말까를 부지런히 고민하고 있는데 딴짓을 하거나 다른 트럭 장수들과 이야기만 나눈다면, 손님은 그냥 지나치고 만다.

저울을 건드려 1눈금을 움직이는 일은 작은 차이에서 비롯된다.

"바나나 한 다발에 3,000원~" 하며 허공에 앵무새마냥 소리를 지르는 것은 저울에 아무런 영향을 미치지 못한다. 그러나 손님과 눈을 마주치며 "어머니, 달달한 꿀바나나 맛만 한번 보고 가세요." 하고 미소를 짓는다거나 "안녕하세요. 시원한 참외 맛보세요. 어머님 오실 줄 알고 제가 시원하게 해놨습니다"라고 그 손님을 겨냥해 말을 건넨다면 저울은 백발백중 휘청인다.

내 트럭 앞을 지나가는 한 사람을 멈춰 세우는 일. 거기에서부터 많은 일이 벌어진다는 것을 명심하라. 그 한 명으로 인해 다른 행인이나 동료들이 우르르 몰려들 수도 있고, 과일이 좋은 트럭이라고 근방에 소문이 날 수도 있는 일이다.

장사꾼이란 입에 발린 말을 진심으로 하는 사람

트럭장사 사관학교를 선택한 분들이 실전에 투입되기 전 나는 '웃으라', 그리고 '배우가 되라'고 교육한다. 사실 손님을 자연스럽게 웃으며 상대한다는 것은 말처럼 쉬운 일이 아니다.

실제로 장사를 처음 시작한 분들 중 많은 경우가 손님이 오면 어색해하고 당황한다. 기껏 물건을 홍보하는 멘트라고는 '맛있어요', '좋아요.' 정도다. 얼굴은 잔뜩 굳어져서 입꼬리만 억지로 끌어올렸을 뿐, 웃는 건지 화난 건지 분간할 수가 없다.

그런 경우 장사꾼의 머릿속에는 '이걸 팔아야지, 팔아야 하는데…….' 하는 생각으로 가득 차 있다. 그렇게 되면 몸에 힘이 잔뜩 들어가고 말도 자연스럽게 나오지 않는다.

장사할 때는 힘을 빼야 한다. '이걸 팔아넘겨야겠다'는 생각부터 머리에서 빼내야 장사가 유연해진다. '안녕하세요'라는 인사 한마디를 건네더라도 상대방이 좋은 하루를 보내길 바라는 마음이 전달되어야 한다. 그런데 몸과 마음에 힘이 들어가 있으면 "안녕하세요, 어머니." 하는 말조차 물건을 팔려고 다가오는 제스처처럼 느껴진다.

미국의 한 연구소에서 언어적인 커뮤니케이션과 비언어적인 커뮤니케이션 가운데 어느 쪽이 더 효과가 있는가를 놓고 실험을 했는데 그 결과 놀라운 사실이 밝혀졌다. 사람들은 비언어적인 커뮤니케이션에서 무려 97퍼센트의 정보를 얻으며, 언어적인 요소가 미치는 영향은 3퍼센트에 불과하다는 것이다.

흔히들 입에 발린 말을 하는 사람을 '장사꾼'에 비유한다. 하지만 진짜 장사꾼은 입에 발린 말조차 진심으로 느끼게끔 하는 사람이다.

홈쇼핑은 최고의 교육방송

예전이나 지금이나 트럭을 운전할 때면 나는 늘 홈쇼핑 채널을 듣곤 한다. DMB로 홈쇼핑 방송을 틀어놓되, 음성만 들리도록 내비게이션을 설정해놓았다. 내 차에 처음 탄 사람들은 내가 쇼핑에 취미라도 있는 줄 알겠지만, 사실 홈쇼핑은 나에게 EBS 교육방송과도 같다.

홈쇼핑은 장사의 종합적인 기술이 집약된 곳이다. 100만 원 가까운 청소기를 없어서 못 팔고, 50만 원짜리 드라이기가 매진된다. 나는 쇼호스트가 어떤 말로 구매를 유도하는지 귀를 기울인다. 말투며 억양도 놓치지 않고, 말의 템포에도 집중한다. 중요한 대목은 나중에 따로 메모를 하기도 한다.

쇼호스트들은 자신이 파는 물건에 대해서는 박사 수준이다. 소비자들이 필요로 하는 부분, 기존의 제품에서 아쉬워하는 부분을 콕 집어 이야기하며 경쟁사 제품의 장단점까지도 망라한다. 아는 것이 많으면 물건만 파는 것이 아니라 '말'을 팔 수가 있다. "이거 좋아요. 사세요"라고 했을 때는 거부감을 느끼던 손님들도 그 물건이 구체적으로 어떤 것인지, 왜 좋은지를 설명하면 저절로 관심을 기울이게 된다. 이게 바로 물건이 아닌 말을 파는 방법이다.

과일 장사도 마찬가지다. 내 트럭에 한 명의 손님이 오는 것은 쉬운 일이 아니다. 어떻게 온 손님인데, 쫓기듯이 물건만 들이밀고 마는가. 그 손님이 최대한 오래 머물도록 말을 팔아야 한다. 그리고 팔 말이 많으려면 무엇보다 아는 것이 많아야 한다.

저 사람 농부야, 과일장수야?

　나는 참외가 한 해 동안 어떤 과정을 거쳐 생산되는지 궁금해서 성주를 직접 찾아간 적이 있다. 무작정 참외 농가를 방문해서 농사짓는 분들을 귀찮게 해가며 이것저것 물어보고 직접 관찰도 했다. 참외가 어떻게 자라고, 꽃은 얼마 만에 피며, 수확은 어떻게 하는지를 하나하나 확인했다.

　물론 그런 정보와 상식들이 장사에 당장 큰 도움이 되거나, 눈에 띄는 효과가 나타나는 것은 아니다. 하지만 손님들에게 한마디라도 더 말을 붙일 수 있다는 것은 분명하다. 그렇게 내 트럭으로 다가온 한 명의 귀한 손님을 오래 붙들어야 두 명이 되고 세 명이 되는 마중물 역할을 할 수 있다.

　"요즘 참외들은 왜 이렇게 아삭함이 없어요?"라고 묻는 손님에게 "아니에요. 먹어보면 맛있어요"라고 우기는 장사꾼과 "날씨 때문에 그래요. 요즘은 아침에도 기온이 높다 보니 하루라도 수확 시기가 늦어지면 식감이 금세 떨어지거든요"라고 상세하게 말해주는 장사꾼이 있다면, 둘 중 누구에게서 참외를 사겠는가?

　가격도 마찬가지다. 참외는 어느 순간 가격이 훌쩍 뛰는 시기가 있다. 가격에 민감한 소비자 입장에서는 궁금할 수밖에 없다.

　"얼마 전까지만 해도 참외 값이 엄청 싸더니, 왜 이렇게 갑자기 올랐어요? 끝물인가 봐요?"

　손님이 물었을 때 혹시 이렇게 대답하는 장사꾼을 본 적 있는가?

"아니요. 참외가 한 번 따고 끝나는 게 아니라 꽃이 계속 피고 열매를 맺거든요. 이 시기를 화방이라고 해요. 지금이 3화방 참외 물량이 마무리되는 시기거든요. 2주 정도 지나면 다시 값이 내릴 거예요."

이런 장사꾼에게는 신뢰가 더 가게 마련이다. "어머, 참외 농사도 짓나 봐요?"라며 놀라는 손님도 있다. 대화가 이어지고, 봉지에 담기는 참외도 덩달아 늘어나는 것은 당연한 이치다.

손님이 얼마인지 물었을 때는 가격을 말하지 말라

물건을 '파는 것'과 '사게 만드는 것'은 완전히 다르다.

예를 들어 손님이 와서 "참외 얼마예요?"라고 물었다고 해보자.

여기에 "예, 참외 열 개 5,000원 입니다"라고 대답한다면 참외를 파는 것이다. '어서 돈을 내고 참외를 사라'는 메시지밖에는 전달하지 못한다.

그러면 손님은 잠시 고민을 한다. 살까 말까? 맛이 있을까 없을까? 저번에도 트럭에서 참외 샀다가 너무 별로라 하나도 못 먹고 버렸는데, 이번에도 그런 거 아닐까?

중요한 것은, 손님이 가격을 물었다고 해서 꼭 그 대답을 할 필요는 없다는 것이다.

"참외 얼마예요?"

"이모, 참외 맛 먼저 보세요."

"아니, 괜찮아요. 안 먹어봐도 돼요. 얼만데요?"

"아이, 제가 손이 부끄러워요. 저희 참외 자랑하고 싶어서 그래요. 드셔보세요. 드시면 말해드릴게. 참외가 아무리 싸면 뭐해요, 오이보다 맛없으면 애물단지지."

일단 참외 맛을 보고 만족한 손님은 냉장고에 무엇이 있었나 하는 생각은 접는다. 손은 이미 참외를 고르고 있다.

사게 만든다는 것은 바로 이런 것이다. 손님들이 내 시간 5분과, 내 돈 5,000원을 아까워하지 않게끔 만들어야 한다. 단순히 돈을 받고 물건을 건네는 관계가 아니라, 비록 트럭 장사지만 이 트럭 안에서 할 수 있는 최선의 서비스를 제공하려 한다는 인상을 전달해야 한다.

한 번 스쳐가는 말에도 깊이가 있다

사관학교에서 교육을 받는 모든 팀원에게 철저하게 금하는 것이 하나 있다. 바로 절대 의자에 앉지 말라는 것이다. 편하게 장사하고 싶으면 트럭 장사 말고 다른 일을 하라고 단호하게 말한다.

길을 가다 보면 트럭 장사꾼이 의자에 앉아 있거나, 아예 트럭 안에 들어가 핸드폰으로 야구 경기에 열중하는 모습을 종종 보곤 한다. 트럭 장수들끼리 모여서 이야기꽃을 피우는 경우도 흔하다.

그런 장면을 보면 손님들 입장에서 과연 다가올 마음이 들까? 분명 아닐 것이다. 특히 여성 손님이라면 말을 걸기가 더 꺼려질 것이다. '참외 얼마예요?'라고 묻고 싶어도, 괜히 말을 붙였다가 안 사면 큰일 날 것 같아 그냥 발걸음을 돌리게 된다.

반면에 부지런히 트럭을 정리하는 장사꾼, 지나가는 사람들에게 웃으며 인사를 건네는 장사꾼이라면 편안한 마음으로 가격이라도 한번 묻게 된다. 장사꾼으로서는 절호의 기회다. 이때를 놓치지 말고 다가가야 한다.

"네, 어머니. 이게 보기 드문 꿀자두라 운이 억수로 좋은 분들만 맛보실 수 있는 거거든요."

"아이쿠, 이모. 미모가 눈이 부셔서 못 봤네. 사과 맛만 보세요."

"아니, 이 동네는 수돗물 말고 다른 물 나와요? 어째 이렇게 다들 미인이시래?"

사소한 말 한마디라도 살갑게, 기쁘게 건네면 손님들도 무장해제가 된다.

"내 자식 같아서 사주는 거야"라는 분도 있고 "우리 아들도 여기서 일 좀 시켜줘. 이 녀석이 아직도 정신 못 차리고 집에서 놀고 있어"라며 허물없이 속을 털어놓는 손님도 있다.

의자에 앉아 손님 얼굴 쳐다보지도 않고 건성으로 대꾸하는 장사꾼은 결코 그런 손님을 만날 수 없다. 모든 관계에는 깊이가 있다. 한 번 만나고 스쳐 지나가는 사이일지라도 만남의 깊이는 저마다 다르다. 수많은 손님들 각각을 어떤 깊이로 만났느냐에 따라 장사의 질이 달라지는 법이다.

손님을
기다리게 만들라

'기다리는 맛'을 빼앗지 말라

복날이 되면 이름 좀 있다 하는 삼
계탕집에는 긴 줄이 늘어선다. 매해 반복되는 일이다. '왜 매번 저
럴까? 옆의 장어집이나 돼지갈비집은 텅텅 비었는데 통째로 빌리
면 안 되나?' 하는 생각도 든다. 하지만 인기 있는 삼계탕집은 그
런 서비스를 하지 않는다. 옆 가게를 빌리는 게 복잡하고 힘든 일
이라서가 아니다. 손님들이 긴 줄을 서고서야 삼계탕을 먹을 수
있게 하는 것이 바로 삼계탕집 아저씨의 전략이기 때문이다.

상상해보자. 삼계탕집에서 "손님, 옆에 자리 비었습니다. 모두
들어가십시오." 하고 30명 되는 손님을 한꺼번에 받는다면 어떻
게 될까? 30명의 손님들은 그 상황이 즐겁기만 할까? 그렇게 삼
계탕을 먹고 나면 다음에도 또 찾아오고 싶을까? 대답은 '전혀 아

니올시다'이다.

가만히 서 있어도 땀이 흐르는 여름날, 줄을 서서 기다렸다 먹는 삼계탕은 왠지 더 맛있다. 그냥 슥 들어가 먹은 삼계탕과는 분명한 차이가 있다. 바로 '기다리는 맛' 때문이다. 맛있는 것을 먹을 생각에 즐겁게 기다리는 맛! 이 기다리는 맛 때문에 손님들은 기꺼이 줄을 서고, 삼계탕집 주인은 쉽게 공간을 만들지 않는다.

삼계탕집 주인 입장에서 '길게 늘어선 줄'은 발 없는 말이 천리를 가는 중요한 광고 방법이다. 사람들은 음식점 옆을 지날 때 늘어선 줄을 보며 '줄 서서 먹을 만큼 맛있나 보네. 나도 나중에 한번 가봐야지'라고 생각한다. 그리고 주변 사람들에게 "어디 삼계탕집 갔더니 사람들이 쭉 늘어서 있더라고." 하고 광고도 해준다. 이때 섣불리 가게를 확장하거나 다른 가게를 빌려 손님을 받으면 이 '돈 안 드는 광고'도 끝나고 만다.

삼계탕집의 이런 전략은 트럭 장사에도 그대로 적용 가능하다. 사람들은 트럭 옆에 사람들이 우르르 모여 있는 것을 보면 '저 트럭에서 파는 물건은 뭐가 특별한가?' 하고 생각한다. 손님이 많을수록 더 많은 손님이 모여든다.

내 트럭에 손님들이 잔뜩 모여 있는 시간을 최대한으로 늘리는 것. 이것은 최고의 상술이자 전략이다. 때문에 아무리 손님이 많아도, 아무리 바빠도 장사꾼까지 두서없이 바빠져서는 안 되는 것이다. 장사꾼은 최대한 여유롭고 침착하게 물건을 내주어야 한다.

"총각, 나 빨리 좀 줘."

"아이고, 어머니. 돈 세다가 잊어버렸네. 잠시만요, 내가 이렇게 덤벙댄다니까."

"말만 하지 말고~"

이렇게 핀잔을 하거나, 때로는 아프지 않게 손등을 꼬집는 시늉을 하는 분들도 있지만 화를 내는 사람은 없다.

기다리는 손님에게 눈치껏 서비스하는 것도 잊어선 안 된다.

"누님, 잠시만 기다려주세요. 이분 고르시고 바로 해드릴게요. 입은 쉬면 안 되니까 일단 맛만 보세요."

기다리는 사람들에게도 맛을 보여주는 이유는 발목을 좀 더 꼭 붙잡기 위해서다. 장사꾼이 나에게도 마음을 쓰고 있으며, 나름의 성의를 보인다는 것을 느끼게끔 하는 것이다.

장사는 심리전이다. 그 줄다리기에서 누가 주도권을 쥐느냐에 따라 승패가 갈린다.

첫 손님이 장사를 좌우한다

어떤 날은 정말이지 손님들이 무섭게 올 때가 있다. 트럭을 둘러싸고 물건을 고르고 서로 달라는 통에 정신이 쑥 빠질 지경이다. 이럴 때 초보 장사꾼은 진땀이 난다. "아, 예. 얼른 담아드릴게요", "금방 해드릴게요." 하는 식이다. 눈앞의 손님을 상대하느라 바빠 다른 데 신경을 쓰지 못한다.

하지만 기다리는 손님이 걱정돼 서둘러서는 안 된다. 서두르는 순간 더 많은 손님을 맞을 기회가 날아가고 말기 때문이다.

'3의 법칙'이라는 것이 있다. 동일한 행동을 하는 사람이 세 명만 되면 사람들이 자석처럼 끌려오게 된다는 이야기다.

장사에서도 이 3의 법칙을 잘 활용해야 한다. 세 명만 내 트럭에서 물건을 고르고 있으면 다섯 명, 열 명이 되는 것은 순식간이다. 그러나 그 세 명이 없으면 사람들은 내 트럭을 돌아보지 않는다.

문제는 세 명을 어떻게 만드느냐이다. 어떤 장사든 맨 처음 한 사람을 오게 하는 것이 가장 힘들다. 배가 고파 식당에 갔는데 아무도 없으면 순간 '잘못 왔다보다.' 하는 것이 사람의 심리다. 트럭 장사도 마찬가지다. 아무도 없는 트럭에는 사람들이 쉽게 오지 않는다. 한 명의 손님을 내 트럭에 붙이는 것이 시작이다.

"어머니, 와서 우엉 좀 먹어봐요. 안 사도 되니까 맛만 보고 가요."

손님의 발길을 잡았으면 이 손님이 우엉을 사든 안 사든 내 트럭에 오래 붙어 있도록 해야 한다.

"어때요, 어머니. 우엉 좋아요, 안 좋아요?"

"잘 모르겠는데."

"그럼 다시 드셔봐. 이번에는 우엉을 생으로."

"우엉을 생으로 어떻게 먹어?"

"아, 먹어봐요, 엄마. 속는 셈치고."

이렇게 실랑이를 하다가 대뜸 잘라서 먹여준다.

"어때요, 맛이?"

"어, 맛있네."

"칡뿌리 같죠? 아, 이게 진짜 우엉이지. 말라 비틀어져서 물도 안 나오는 거 그게 무슨 우엉이야, 작대기지. 향이 어때요? 확실히 다르죠? 산지에서 캐자마자 가져온 거예요. 어제 이거 캐는데 허리 분질러지는 줄 알았어요.

어, 이모! 왜 보고만 그냥 가요. 가긴 어디가, 이리 와봐요. 맛만 보시라니까. 내가 그렇게 인색한 사람 아니에요. 맛보고 간다고 뭐라 하고 그러질 않아요."

이렇게 사람들을 붙잡아 말을 걸고 실랑이 아닌 실랑이도 하는 동안, 지나가는 다른 사람들도 흘깃흘깃 눈길을 주기 시작한다. 그러다 한 명이 더 와서 우엉에 손을 대면 일단은 성공이다. 우엉을 맛 뵈면서 이야기를 계속해나간다.

"엄마, 우엉이 열 개에 만 원. 이게 속에 물이 꽉 차서 칡뿌리가 따로 없어. 한번 잡쉬봐."

이렇게 앞의 손님을 상대하면서도 장사꾼은 뒤통수에 귀가 달려 있어야 한다. 이 사람하고 이야기를 하더라도 다른 손님이 다가와 관심을 보이는 것 같으면 또 '말'을 팔아야 한다. 그렇게 손님들이 하나둘 트럭으로 오면서 물꼬가 트이기 시작한다.

어렵게 온 손님을 쉽게 보내지 말라

장담컨대 내 물건을 사야겠다고 마음먹은 손님은 쉽게 가지 않는다. 남들이 사는 좋은 물건, 나도 사야겠다는 욕심이 있어 빈손으로 트럭을 떠나지 않는다. 마치 트럭이 자석처럼 손님을 끌어당기는 것 같은 느낌이 들 정도다.

물론 개중에는 정말 급한 일이 있거나, 기다리는 데 지쳐서 짜증이 나는 경우도 있다. 이를 간파하는 것 또한 장사꾼의 능력이다.

"아이, 참. 빨리 줘요. 아이 데리러 가야 돼요."

"이쁜 울 어머니, 내가 애 데리러 갔다 올게. 물건 고르고 있어봐요. 어린이집이 어디예요."

그렇게 농을 걸면 손님들도 웃음으로 답한다.

"에이, 못 말린다니까 진짜."

"엄마, 조금만 기다려줘요. 순서대로 해야죠. 엄마, 질서는 아름다운 거야."

이 정도면 3의 법칙은 이미 가동이 되고도 남았다. 얼떨결에 내 손에 붙들려 왔던 첫 손님은 자신도 모르는 사이 일등공신의 임무를 확실히 해냈다.

기억하라. 어렵게 온 손님을 결코 쉽게 보내선 안 된다.

트럭도
맞춤 서비스가 가능하다

배달 나서는 트럭 장사꾼

트럭 장사는 배달을 해주지 않는다는 것이 보통 사람들의 생각이다. 하지만 이것은 그야말로 편견이다. 장사를 나간 지역, 손님의 연령을 고려해 배달 서비스를 해준다면 그것만큼 특별한 서비스도 없을 것이다.

"에이, 너무 많이 샀네. 이거 다 못 들고 가. 반만 갖고 갈게."

"엄마는 무슨, 내가 배달해드릴게."

"정말? 트럭에서 무슨 배달을 해?"

"이 엄마가 속고만 살았나. 앞장 서봐요. 댁이 어디신데요?"

입주민들이 주로 다니는 단지 내에서는 이렇게 잠시 자리를 비워도 장사에 지장이 없다. 전화번호를 남기고 다녀오면, 그새 전화가 걸려오기도 한다.

"나 물건 사러 왔는데, 어디 가 있어?"

"어머니, 나 지금 배달 와 있는데요, 1분 뒤에 도착해요. 왼쪽 게 만 원이고 오른쪽 건 2만 원. 팔아주고 있으면 가서 덤 드릴게요. 부탁드려요. 내가 총알처럼 날아갈게요."

그러면 정말로 웬 아주머니가 트럭에서 물건을 팔아주고 있다.

"아니, 어디를 갔다 지금 와?"

"내가 이 동네 오면 못 살아요. 자꾸 배달을 해달래. 근데 어떡해, 해줘야지. 단골손님들인데 해줘야지. 그죠, 엄마?"

장사란 사람과 사람의 만남이다. 돈이 오가는 사이지만, 사람 사이의 일이기에 딱 떨어지는 '기브 앤 테이크' 공식만으로 설명할 수 없다. 때로는 조금 넘치기도 하고, 때로는 살짝 물러서기도 할 때 손님과의 관계가 진정한 의미의 '만남'이 된다.

회원제로 운영하는 고급 숍에서만 고객 맞춤 서비스가 가능한 게 아니다. 마음 먹기에 따라, 길거리 트럭에서도 연간회원권을 끊는 충성 고객을 만들 수 있다.

먹던 과일도 AS 해드립니다

트럭에서는 절대 불가능할 것이라 생각하는 또 한 가지 서비스가 바로 '애프터서비스(AS)'다. 트럭에서 산 물건이 영 마음에 안 들더라도 나중에 환불을 받을 수 있으리라 생각하는 사람은 없다. 그런 점을 악용해서, 손님을 다시 안 볼 사람으로 여기며 물건을 속여 팔거나 바가지를 씌우는 장사치들도 있다.

하지만 나는 트럭 장사에서도 신뢰가 재산이라 생각해서 단골 손님들에게 무조건 AS를 해준다는 철칙을 세웠다.

"총각, 이거 아까 사 갔는데 맛이 좀 이상해."

"그래요? 어, 진짜 그렇네. 죄송합니다. 돈으로 돌려드릴까요, 물건으로 다시 드릴까요?"

물건에 하자가 있다는 걸 순순히 인정하면 손님들은 한풀 누그 러진다.

"아니, 꼭 이러려고 갖고 나온 건 아닌데……."

"아니에요, 내가 마음이 불편해서 그래요. 이거 갖고 가서 맛있 게 드시고 맘 푸세요."

AS를 할 때는 확실하게 해주는 게 답이다. 나는 아예 물건을 팔 때부터 이렇게 귀띔을 하곤 한다.

"어머니, 제가 매주 화요일 이 시간에 오니까, 혹시라도 문제 있 으면 꼭 얘기해줘요."

간혹 손님이 보관을 잘못해서 과일이 상한 경우도 있지만, 불평 을 하는 분들에게는 두말 않고 새 과일을 내준다. 그런 뒤에 과일 마다 다른 보관 방법을 넌지시 일러주면 열이면 열, 내 트럭의 팬 이 된다.

지갑이 없는 손님에겐 계좌번호를

트럭은 지나다가 우연히 들르는 곳이다. 그 러다 보니 손님 중에는 꼭 이런 분들이 있다.

"에구, 핸드폰만 달랑 들고 나왔네? 돈이 없어서 안 되겠어요."

그러면 나는 말한다.

"전화번호 주세요. 제가 계좌번호 찍어드릴게."

손님은 오히려 이런 상황을 낯설어하며 주저주저한다.

"에이, 날 뭘 믿고 덥썩 물건을 줘요."

그렇게 고개를 갸웃거리며 계좌번호를 받아 간 손님은 틀림없이 돈을 보내준다. 하루이틀 늦는 경우는 있어도 안 주는 경우는 없다. 그리고 다음에 올 때는 한층 친근하게 알은척을 한다. 때로는 다른 손님과 함께 와 먼젓번 이야기를 꺼내기도 한다.

"이 총각이 그 총각이야. 돈도 안 냈는데 표고를 그냥 줬다니까. 그때 고마웠어요."

장사꾼은 손해 보는 셈 칠 줄도 알아야 한다. 그게 바로 남는 장사다. 신뢰를 남기고, 사람을 남기는 장사 말이다.

생전 처음 보는 사람도 십년지기처럼

난 기억력이 상당히 떨어지는 편이다. 건망증이 심해서 조금 전의 일도 까맣게 잊곤 한다. 사람 얼굴도 잘 알아보지 못해 오해를 사는 경우가 잦다.

트럭에서 귤을 팔 때의 일이다. 횡단보도에 차를 세우고서 한참 장사를 하는데 건너편에서 한 아가씨가 나를 보고 웃으며 다가오는 것이 아닌가. 기억은 잘 안 나지만 트럭에 왔던 손님인가 보다 하고 반갑게 인사를 건넸다. 자연스레 귤을 까서 맛을 보라고

한 조각 건네주기도 했다. 아가씨는 조금 당황하는 듯했지만 이내 "귤 5,000원어치 주세요." 하고 말했다.

"5,000원에 세 망인데, 내가 일곱 망에 만 원! 좋은 걸로 골라드릴게요. 나도 이거 빨리 팔고 오랜만에 애 얼굴 좀 보려고요."

아가씨는 조금 망설이더니 이내 지갑에서 만 원을 꺼내 건넸다.

"감사합니다! 도와주셔서 집에 일찍 들어가겠어요. 오늘 아빠노릇 좀 할 수 있겠네요."

"그러세요, 00이 아버님? 00이가 정말 좋아하겠네요."

'어떻게 우리 둘째 이름을 알았지?' 하는 순간, 민망함에 고개를 숙이고 말았다. 그분은 다름 아닌 아이의 어린이집 담임선생님이었던 것이다.

이 정도로 기억력이 없다 보니, 필요한 것은 꼭 메모를 해둔다. 내 수첩에는 손님의 인상착의가 어떤지, 무엇을 샀는지가 빼곡히 적혀 있다. 특히 호의적인 손님, 바람몰이 역할을 톡톡히 하는 손님들은 꼭 기록을 해놓는다.

그러고도 부족한 부분은 눈치로 메꾼다. 나한테서 산 과일이 좋았던 손님들은 다음번에는 보통 옅은 웃음을 띠며 다가온다. 이럴 때는 기억이 전혀 나지 않더라도 능청스럽게 묻는다.

"저번에 참외는 맛있게 드셨어요?"

어쩔 때는 처음 가는 동네인데 손님이 다가와 "저번에 참외 팔던 그 총각 맞죠?" 하고 묻기도 한다. 다른 참외 트럭과 혼동한 것이다. 이때는 손님의 말투에 주의해야 한다. 나를 반기는 기색이면 슬쩍 말끝을 흐리며 떠본다.

"참외는 괜찮으셨어요?"

"맛있게 먹었어요"라는 대답이면 저번에 그 트럭인 양 천연덕스럽게 참외를 팔면 된다.

하지만 "저번에도 여기서 참외 팔았죠"라며 따지듯 묻는 목소리라면 조심해야 한다. 저번 물건이 마음에 들지 않았다는 의미이기 때문이다.

"아니에요. 저 오늘 여기 처음 오는데요."

"에이, 맞는 것 같은데?"

"아니, 왜요. 저번에 참외 팔던 사람이 나쁜 것 줬나 봐요."

"말도 마세요. 다 상한 것들을 봉지에 섞어서 줬어요."

"아이구, 그럼 안 되죠. 전 그래서 직접 골라 가시라고 해요. 그런 사람들 때문에 트럭 장사들이 욕을 먹는다니까. 속상하셨겠다."

장사의 기본은 손님 한 사람 한 사람을 잘 아는 지인처럼 대해야 한다는 것이다. 처음 보더라도 언젠가는 다시 볼 것이라고 생각하면 누구 한 명 소홀히 할 수 없다.

가끔 나는 처음 보는 분에게 "어! 어머니!" 하고 십년지기 친구를 만난 듯 소리친다. 그럼 대부분 "아유, 난 진짜 아는 사람인 줄 알았네." 하며 눈을 밉지 않게 흘기고는 트럭으로 다가온다.

기억력은 눈치를 이길 수 없고, 눈치는 진심을 대신할 수 없는 법이다.

한 명의 얄미운 손님이 내 장사를 망친다

만나는 모든 사람에게 진심을 다한다는 것은, 호구 노릇을 한다는 것과는 완전히 다른 말이다. 오히려 걸러야 할 사람을 빨리 걸러내야 나의 진짜 손님들에게 최선을 다할 수 있다.

장사를 하다 보면 얄미운 사람들이 꼭 한 명씩 끼어든다. 손님이 제법 모였는데 말 한마디로 분위기를 반전시켜 다 흩어지게 만드는 사람도 있고, 무리하게 덤을 요구하거나 가격을 깎아서 주변 사람들까지 동조하게 만드는 경우도 있다.

그렇다고 장사하는 입장에서 짜증을 낼 수도 없는 노릇이니 속만 끓는다. 그럴 때는 문제의 손님을 최대한 기분 상하지 않게 돌려보내는 것도 장사꾼의 역할이다.

"저기 가면 똑같은 거 더 싸게 파는데."

이렇게 말하는 손님에게 우리는 물건이 다르다고 항변해봤자 소용이 없다. "다르긴 뭐가 달라. 딱 봐도 비슷하구먼." 하는 핀잔만 듣기 십상이다. 그럴 때는 괜히 휘둘려서 페이스를 잃을 필요가 없다.

"아, 그래요. 어머니, 다음에는 제가 좀 더 노력하겠습니다. 죄송합니다." 하며 정중하게 차단을 하고 더 이상 말을 섞지 않는다. 과도하게 가격을 깎아달라고 고집을 부릴 때도 '에이, 귀찮은데 그냥 이번만 넘어가주자.' 했다가는 다음에 그 손님이 또 오면 똑같은 가격에 팔아야 한다. 흥정을 하지 말고 예의를 갖춰 거절하는 것이 방법이다.

"어머니, 죄송하지만 내 트럭에 있을 때는 아직 내 물건이니 제가 가격을 정해야죠. 죄송합니다."

문제 손님 쪽으로는 아예 등을 돌리고 목소리를 높여서 다른 손님에게 집중하면, 그 사람도 눈치가 있는지라 슬그머니 빠져나가곤 한다. 대신에 이제부터는 말이 잘 통할 듯하고 성격이 좋아 보이는 분을 집중 공략해야 한다.

예를 들어 참외가 한 봉지에 3,000원, 두 봉지에 5,000원일 때 누군가가 "나는 3,000원어치만 주세요. 많이 필요 없어요"라고 말한다고 해보자. 그러면 5,000원어치를 사려던 사람들도 한 봉지만 사는 쪽으로 마음이 바뀌게 된다. 그럴 때는 한 분을 콕 찍어서 애기를 한다.

"이모, 2,000원만 더 주시면 한 봉지가 더예요. 내가 아쉬워서 그래. 이거 한 쪽 드셔보시고 다시 생각해봐요. 어때요?"

"에이, 그래. 두 봉지 줘요. 참외는 냉장고에 넣어뒀다가 일주일 먹어도 괜찮더라."

이렇게 한 분만 거들어주면, 나머지는 일사천리다.

최고의 고객, 혹은 가장 곤란한 고객

내가 적극적으로 공략하는 또 다른 대상은 바로 아이들이다. '물고기 아저씨'로 통하던 시절이나 트럭 장사를 할 때나 아이들만큼 최고의 고객은 없었다. 아이가 맛있다고 사달라고 하면 부모들은 어지간해서는 거절하지 않는다. 게다가 나도 아이가 있는 아빠다 보니 엄마 손을 잡고 온 아이들이 진심으로 예쁘다.

아이가 넘어지기라도 하면 내가 먼저 뛰어가 일으킨다. 내가 주는 과일을 오물오물 먹는 모습을 보면 나도 모르게 미소를 짓게 된다.

"너 때문에 내가 안 줄 수가 없어. 딸, 이리 와봐. 사과 하나는 네가 먹고 하나는 누구 줄 거야?"

이렇게 아이 몫을 두어 개 따로 챙겨주면서 "어머니, 애기 때문에 제가 덤을 안 드릴 수가 없네." 하면, 어떤 엄마들은 너무 고맙다며 금방 산 빵이며 음료수를 꺼내서 건네기도 한다.

물론 아이들 때문에 곤란한 상황이 벌어질 때도 있다. 딸기 같이 무른 과일을 손으로 꾹꾹 눌러서 구멍을 내는 일은 다반사다. 이런 경우 엄마가 아무렇지도 않은 듯 아이의 행동을 방치하면 문제가 생긴다.

그럴 때 나는 아이와 눈높이로 시선을 맞춘 후 다정하게 이야기한다.

"괜찮아. 엄마가 사주실 거야. 네 거니까 마음대로 해도 돼."

그러면 엄마는 후다닥 아이 손을 붙들거나 "손으로 그런 거 누르면 안 된다고 했지"라며 야단을 하기도 한다.

장사꾼으로서 손님을 맞는 어떤 순간도 내가 주도해야 함을 잊어선 안 된다.

12

뜨내기처럼
장사하지 말라

과일은 들어갈 수 없는 냉장고

장사치들이 흔히 쓰는 말 중에 '속박기'라는 것이 있다. 한마디로 안 좋은 상품을 섞어서 파는 일이다. 멍들었거나 흠집 있는 과일을 아래쪽에 깔기도 하고, 작은 과일을 속에 섞기도 한다.

어차피 팔아야 되는 것이긴 하지만, 파는 방법에 따라 결과는 하늘과 땅 차이가 난다. 나는 질이 떨어지는 제품을 절대로 정상 제품 속에 넣지 말라고 팀원들에게 당부한다. 그냥 대놓고 "이건 주스용이에요"라거나 "드시는 데는 이상 없지만 조금 하자가 있는 것들이라 싸게 드려요." 하고 이야기를 하는 것이 맞다.

물건을 사 간 손님 입장에서는 집에 가서 열어봤는데 이상한 것이 섞여 있으면 나머지도 똑같아 보이게 마련이다. '거기 안 되겠네. 이렇게 눈속임을 해서 팔고.' 하는 생각에 불쾌해지는 것은 당연지사다.

사관학교의 트럭 장사꾼들이나 국가대표 과일촌에서 가게를 하는 분들에게 나는 늘 강조한다. 생물은 온전할 때 그 값어치를 하는 것이라고. 그러니 절대 오래 두어선 안 된다고.

아무리 신선하고 상태 좋은 과일이라도 냉장고에서 4~5일을 보내면 신선도가 뚝 떨어진다. 냉장고에서 버틸 수 있는 것도 하루이틀 정도다. 참외는 냉장 보관을 한 후 상온에 나오면 갈변이 빨리 진행되고 복숭아는 단맛이 사라진다. 수박 또한 저온저장고에 있다 나오면 신선도가 급속히 떨어지며, 토마토는 익기도 전에 말랑해지면서 곰팡이까지 올라온다.

이런 이유로 국가대표 과일촌에는 처음부터 전기 먹는 하마인 냉장고가 없었다. 오로지 '당일 출하, 당일 판매'를 목표로 신선도 높은 물건을 공급하고 있다.

이따금 시세 변동이 심할 때는 내일이나 모레쯤 되면 물건 값이 꽤나 오르리라는 게 눈에 보일 때가 있다. 이때는 하루이틀치 물량을 더 받아놓고 싶은 욕심이 생긴다. 신선도가 떨어질 것이 뻔한데도 욕심을 내는 것이다. 이런 실수를 원천적으로 막고자 창고를 임대할 때 냉장고를 아예 들이지 않았다.

지금은 수산물까지 겸하다 보니 냉동 생선류의 보관을 위해 큰 냉장고를 설치했지만, 과일과 야채류만큼은 지금도 절대로 냉장고 출입 금지다. 만약 과일류가 남으면 내가 직접 길에 나가 팔든,

아니면 직영매장에 가지고 가서 판매하곤 한다.

손님들은 몰라도 파는 장사꾼은 안다. 장사꾼의 자신감은 그날 파는 과일의 상태에서 나온다. 트럭에 싣고 나온 물건이 싱싱하지 않으면 자신감이 확 떨어진다. 아무리 B품을 판다 해도, 너무 오래되고 흠이 많아 나부터 먹기 싫은 것을 싣고 나가면 손님과 눈을 마주치고 장사를 할 수가 없다.

오늘 안 좋은 물건을 비싸게 팔면 당장 이윤은 남길 수 있겠지만 내일의 고객은 사라질 것이다. 오늘 하루 장사하고 접을 게 아니라면 절대로 해서는 안 되는 일이다.

A급 자리보다 중요한 것

내가 아는 A급 자리가 한군데 있었다. 물류센터에다 사관학교 일까지 겹쳐 바빠지다 보니, 장사를 예전처럼 나가지 못했다. 내심 '그 자리, 그냥 놔두기 아깝다.' 싶었다. 그러던 중 장사를 좀 힘들어하는 팀원이 있기에 그 자리를 슬쩍 알려줬다.

그곳에 한번 다녀온 팀원은 흥분한 목소리로 자랑을 했다.

"감독님. 거기 정말 좋던데요. 순식간에 다 팔았어요. 앞에 구둣방 아저씨 아시죠? 감독님이랑 친하다고 하시던데. 저도 인사 나눴어요."

사실 그 구둣방 아저씨는 트럭 장사들을 썩 반기는 편이 아니었다. 나와는 특별히 허물없이 지냈지만, 다른 웬만한 트럭 장사가 오면 신고부터 하는 분이었다. 그래서 차를 대지도 못하고 쫓겨나는 트럭 장사꾼들이 수두룩했다.

실제로 두어 달이 지난 후 이 팀원은 볼멘소리를 했다.

"이제 그 자리 못 들어가요. 이상하게 가기만 하면 누가 신고를 하더라고요."

이상하다 싶어 며칠 뒤 직접 그 자리를 찾아가 보았다. 그랬더니 구둣방 아저씨가 뜻밖의 이야기를 꺼내는 것이었다.

"아니 젊은 친구가 열심히 하는 것 같아서 가끔 오라고 했더니 아주 매일 오는 거야. 사람이 양심이 있어야지. 젊은 녀석이 편하게 장사하려고만 하고 말이야. 배 감독이야 자주 와야 2주에 한 번 올까 말까 했잖아. 아는 동생이란 놈은 왜 그 모양이야."

그제야 그 팀원이 쫓겨난 이유를 알았다. 좋은 자리든 나쁜 자리든, 매일 트럭을 대고 들락거리면 주변 상인들로서는 반가울 리 없다. 그나마 가끔이면 '어쩌다 한 번이니 그냥 넘어가주자'가 되지만 날마다 찾아오는 불청객을 마냥 받아줄 사람은 없다.

이런 이야기를 하면 "내가 안 들어가면 다른 사람이 들어갈 거 아닙니까. 그럴 바에야 제가 가는 게 낫죠"라고 말하는 사관학교 교육생도 있다. 하지만 내가 산 땅도 아닌데 누가 가서 장사한들 어떠랴. 그렇게 따지면 사방에 좋은 자리들 남에게 빼앗길까 봐 잠은 어떻게 자는지 궁금하다.

장사꾼에게는 영원한 내 자리도 없고, 영원한 손님도 없는 법이다.

'팔이 굽는 사람'이 되라

어느 정도 장사에 익숙해진 장사꾼들 중에는 조금이라도 싼 도매상을 찾아다니는 분들이 많다. 그렇다고 크게 저렴한 것도 아니고 기껏해야 500원, 1,000원 차이다. 그런데도 여기에 목숨을 걸다시피 하는 사람들이 있다.

물건을 저렴하게 구매한다는 게 나쁜 일은 아니지만, 장사꾼이라면 이야기가 조금 달라진다. 길게 보면 여기저기 옮겨 다니는 것이 결코 도움이 되지 않는다. 500원, 1,000원이 장사를 좌우하는 게 아니기 때문이다. 그보다 중요한 것이 바로 사람 사이의 신뢰와 정이다.

도매상 입장에서는 필요할 때만 이용하고 금세 떠나는 장사꾼이 철새와 다를 바 없다.

'저 사람 뜨내기잖아. 쌀 때만 오는데 뭐. 나중에 또 조금 싸게 주면 오게 되어 있어. 요즘 같을 때는 그래도 꾸준히 와주는 사람을 챙겨줘야지.'

물건이 갑자기 부족한 상황이 되거나, 평소보다 훨씬 싼 가격에 물건을 확보하게 되는 경우 평소 꾸준하던 사람에게로 팔이 굽게 되어 있다. 뜨내기들은 본인이 정작 필요하고 아쉬울 때 도움을 주는 사람이 없다.

나도 지방의 거래처를 다니다 보면 때때로 다른 곳보다 싸게 주겠노라고 잡는 이들을 만나곤 한다. 내 대답은 언제나 같다.

"제가 거래처를 쉽게 바꾸지 않습니다. 죄송합니다."

언젠가부터는 중매인들 사이에서도 '저 사람은 거래처 안 바꾼다'는 인식이 퍼졌다. 산지에서 다들 명함을 주고받기 바쁜 와중에도 나와는 그저 눈인사만 주고받는다.

그 정도로 나는 한번 맺은 인연을 끝까지 고집한다. 대신 거래처의 가격이 내가 원하는 수준과 맞지 않는다면 바로 상의해서 조율을 한다. 물론 어쩔 수 없는 사정으로 거래를 중단하는 일도 더러 생긴다. 예를 들어 피조개 같은 경우 3년 전에는 히트를 쳤지만 지금은 좀처럼 나가지 않아서 트럭에 싣기가 힘들다. 그래도 한때 거래했던 이들과는 아직까지 형님 동생처럼 지낸다.

"제가 팔아드리지도 못하고 죄송해요." 하고 말하면 투박하면서도 서글서글한 목소리가 돌아온다.

"아니다. 괜찮다. 장사꾼은 그래야 된다. 심지가 굵어야지. 그냥 지나다가 차 한잔 생각나면 오고 가고 하면 된다. 그러다 나중에 마음 맞고 물건 맞으면 써도 되고, 안 해도 되고."

고객을 일부러 돌려세운 이유

국가대표 과일촌이 트럭 장사, 과일 장사로 이름이 꽤 알려진 요즘에는 문자나 쪽지, 메일로 가격을 문의하는 사람들이 많다.

"오렌지 56과 얼마예요?"

"사과 20킬로그램짜리 상자 얼마인가요?"

대부분은 이미 거래를 하는 곳이 있으면서도, 자신이 좋은 가격에 물건을 산 건지 확인하고자 하는 것이다. 만약 "우리는 시세보다 더 싸게 드려요"라고 답한다면 거래처를 옮길지도 모르는 일이다. 하지만 그렇게 한다면 그 사람을 위해 물건을 준비한 다른 업체들이 피해를 보게 되므로 가격 정보는 일체 알려주지 않는다.

"죄송한데 가격은 말씀드리기 좀 곤란합니다"라고 답하는 것이 나름의 원칙이다.

"오늘 오렌지 56과 4만 2,000원에 샀는데 싸게 산 건가요?"

이렇게 직접 물어보는 경우에는 솔직하게 내 의견을 전한다.

"예. 잘해주셨네요. 잘 사신 거예요."

손님 모으는 것이 일인 장사꾼이지만, 누군가를 이용하고 또 이용당하는 관계를 맺고 싶진 않다. 조금 더 싼 가격을 미끼로 주변을 흐릴 생각도 없다.

그럴수록 나에게는 심지가 얇은 장사꾼만 모일 것이 뻔하기 때문이다.

CHAPTER

4

트럭장사 사관학교,
장사꾼들의 꿈을 싣다

장사꾼을 훈련시키는
감독이 되다

밤 12시에 찾아온 남자

평소처럼 트럭 앞에서 손님들을 상대하느라 여념이 없던 여름 한낮이었다. 모르는 번호로 전화가 한 통 걸려왔다. 당시 나는 아직 빚 독촉에 시달리던 때라 웬만한 전화는 받지 않았는데, 실수로 통화 버튼이 눌린 모양이었다.

"아…… 트럭 하시는 분이죠. 제가 장사를 꼭 배우고 싶어서요……."

어눌한 목소리며, 더듬더듬 말을 잇는 품새가 영락없이 술 한잔하신 분의 목소리였다. 통화는 꽤나 길게 이어졌다. 나중에는 "제발 사람 목숨 한 번만 구해주세요." 하는 소리가 들려왔다. 한참 바쁠 시간이었지만 '목숨' 얘기까지 오가는데 전화를 함부로 끊을 수도 없었다. 그날 밤 장사를 마치고 물건을 받는 시간인 12시 즈음에 만나기로 약속을 하고, 장소는 광명시의 한적한 등산로 입구로 정했다.

밤 12시에 나타난 그분의 행색은 말이 아니었다. 하얗게 센 머리카락은 제멋대로 헝클어져서 늘어붙어 있었고, 언제 갈아입었는지 잔뜩 구겨진 옷에서는 냄새가 풍겨왔다.

'역시 내 생각이 맞았어. 술 드신 분이었어.'

처음에는 떨떠름한 기분으로 인사를 나눴는데, 막상 자세한 사연을 듣고 나니 입을 다물 수가 없었다. 원래 한옥을 짓는 목수였는데 높은 곳에서 떨어지는 사고를 겪은 후 다리를 절고 말도 어눌해지는 장애를 입게 되었다고 했다. 보상은커녕 치료비도 지원받지 못한 터라 결국 가족들이 지하 단칸방으로 이사를 하는 지경에 이르렀다.

목수 일도 더는 할 수 없어, 트럭 한 대 살 돈을 겨우 빌려 장사를 시작했다. 연고도 없는 포천까지 내려가 장사를 시작했지만 매출은 그 여름철에 수박 한 통 겨우 파는 정도였다. 트럭에서 노숙을 하고 개천 물로 대충 땀만 씻는 생활을 견디며 죽어라 노력했는데도 벌이는 나아지지 않았다.

결국 삶을 포기해야겠다고 마음먹고 철길 앞에 섰다. 그리고 마지막으로 전화를 건 대상이 언젠가 TV 다큐멘터리에서 봤던 트럭 장사꾼이었다. 나는 마침 방송국 국장님이었던 단골손님의 제안으로 자영업자의 현실을 다룬 다큐멘터리에 출연한 적이 있었다. 재기를 꿈꾸며 악착같이 트럭 장사를 하는 내 모습은 생각보다도 큰 반향을 일으켰다.

이분도 방송을 본 후 나를 꼭 한 번 만나보고 싶다는 생각에 방송국 게시판까지 검색해 내 연락처를 핸드폰에 입력해놓았다. 그리고 어쩌면 생애 마지막 통화가 될 수도 있었던 그 순간, 내 번호를 눌렀던 것이다.

"선생님이 저를 하루는 더 살게 해주셨습니다. 만약 그때 전화를 안 받았더라면 저는 철길로 그냥 뛰어들었을 거예요. 전에도 몇 번이나 전화를 걸었는데 통화가 안 되더라고요. 정말 마지막이다 하고 걸었는데 마침 연결이 된 겁니다."

그 이야기를 나누며 나도 울고, 그분도 울었다.

"사장님, 여기서 이럴 게 아니라 우리 밥이라도 먹고 이야기해요."

"아닙니다. 장사 좀 알려주십시오. 그 승낙을 받기 전에는 밥이 목구녕으로 안 들어갑니다."

"알았습니다. 내가 알려드릴 테니 제발 식사라도 하세요."

│ 누가 봐도 프로 농사꾼

이렇게 그분, 오 사장님과의 인연은 본격적으로 시작되었다. 나는 장사가 잘되는 자리는 어떤 곳인지, 장사는 어떻게 해야 하는지를 자세히 설명했다.

나는 장사꾼일수록 깔끔하고 관리가 잘된 모습을 손님들에게 보여주어야 한다고 생각하는 사람이다. 그런데 이분은 말도 어눌

하고, 숙소가 마땅치 않아 옷을 단정하게 챙길 상황도 아닌지라 방법을 달리하기로 했다.

"사장님, 옷은 지금도 좋아요. 냄새만 안 나도록 자주 빨아 입으세요. 그리고 밀짚모자, 아니면 새마을 모자 있죠? 그런 걸 쓰세요. 슬리퍼는 안 돼요. 제가 장화 하나 사드릴 테니까 차라리 그걸 신으세요. 그러면 딱 봐도 그냥 농사꾼이에요. 사장님이 직접 재배한 물건 파는 줄 알 걸요, 아마?"

그렇게 콘셉트까지 조언을 하고 심기일전의 준비를 마쳤다. 얼마 후 '장사 잘하고 계시나.' 궁금해서 찾아가봤더니, 나보다 한술 더 떠서 농부 콘셉트를 200퍼센트 활용하고 있었다. 어디서 가져왔는지 짚을 엮어서는 바닥에 깔고 아예 무릎을 꿇은 채 과일을 진열하면서 손님을 맞는 중이었다. 어수룩한 말투와 여물 냄새가 날 것 같은 복장에서는 뭔가 모를 장인의 기운마저 느껴졌다.

1년이 조금 넘는 시간 동안 함께한 결과, 오 사장님은 하루에 200만~300만 원가량의 매출을 올리는 우등생으로 거듭났다. 오 사장님은 현재 가족들이 있는 곳으로 돌아가 열심히 장사를 하고 있다. 국가대표 과일촌의 도움으로 작은 가게도 손수 운영하게 되었다.

함께 트럭을 달리는 동반자들

오 사장님 외에도, 방송을 보고서 내게 연락을 하는 분들이 끊이지 않았다. 대부분은 40대 후반에서 60대 사이의 가장들로, 제2의 인생에 도전했지만 녹록치 않은 현실에 좌절한 이들이었다. 실패의 훈장으로 적지 않은 빚을 진 경우도 많았다.

그분들의 이야기를 들으며 그저 남의 일로 치부할 수 없었다. 나도 이제는 장사의 방법을 터득해서 한 단계를 넘어섰지만, 한때는 빗속에서 해서는 안 될 생각까지 하지 않았던가. 그렇기에 한 사람 한 사람에게 애틋한 마음과 막연한 책임감이 느껴졌다.

'그래, 이분들이 실패를 했지만 그 실패가 인생의 전부가 되어서는 안 되지. 나도 이겨냈는데 누군들 못하겠어. 내가 알고 있는 것을 나누면 그 시간을 더 앞당길 수 있을 거야.'

이런 생각에서 트럭장사 사관학교가 생겨났다. 물론 처음부터 지금과 같은 회사의 형태를 상상하지는 못했다. 그저 트럭 장사를 원하거나, 장사를 배우고 싶어 하는 분들에게 내가 알고 있는 것을 최대한 가르쳐주자는 시도였다.

트럭을 사서 장사 용도에 맞게 고치는 일부터 트럭 창고를 알아보고 거래를 트는 법, 트럭을 대고 목을 잡는 법 등 알려주어야 할 것들이 수두룩했다. 게다가 '트럭 장사를 결코 만만하게 봐서는 안 된다. 누구보다 노력해야 하는 일이다'라는 잔소리도 추임새처럼 곁들여야 했다.

그렇게 장사 전반을 교육한 다음에는 현장에 함께 나가서 진짜 장사를 경험하도록 했다. 내가 호된 신고식을 치렀던 만큼, 이들은 조금이라도 시행착오를 줄이기를 바라는 마음이었다. 그렇게 트럭을 함께 달리는 동반자가 한 사람, 한 사람 늘어나서 트럭장사 사관학교의 식구가 되었다.

속도를 늦추고 방향을 생각하다

처음에는 사무실도 없이 한적한 도로에서 만나 물건을 나누었다. 지방 네트워크를 활용해 좋은 물건을 선별해서 구입해오는 것은 수장인 내 몫이었다. 2, 3일에 한 번꼴로 지방 산지에 가서 물건을 가져와 일원들에게 공급했다.

당시 나는 산지에 믿을 만한 거래처를 꽤 확보해둔 상태였다. 트럭 장사를 시작하고 처음 1년 동안은 한 물류창고하고만 거래를 했다. 과일도 첫해에는 참외밖에 몰랐다가 1년 정도 지난 다음부터는 산지를 한 곳 한 곳 직접 다녀보기 시작했다. 사과로 유명한 안동 공판장을 가보고, 자두와 천도복숭아를 사기 위해 김천에도 가보았다.

성주에 갔을 때는 참외가 수천 박스, 때로는 만 박스 가까이 공판장을 가득 채운 광경에 입만 떡 벌리기도 했다. 하지만 시행착오를 거듭하면서 믿을 만한 거래처들을 하나둘 알아 갔고, 이제는 그분들이 나의 소중한 자산이 되어 있었다.

다른 사람들과 함께 트럭 장사를 하기 시작하니, 처음에는 개인적인 수익이 눈에 띄게 줄었다. 장사 횟수가 아무래도 줄어들어 그럴 수밖에 없었다. 하지만 나는 조금 더 멀리 내다보기로 했다. '내 가게'를 갖는 것만이 오랜 꿈이었는데, 이제 내 마음속에는 새로운 목표가 움트고 있었다. 바로 유통회사를 만들어 더 많은 이들과 함께하고 체계적인 지원을 하고 싶다는 것이었다. 그러자면 당장의 수익에 연연할 일이 아니었다. 나를 억누르던 빚은 갚았으니, 이제부터는 속도보다 방향이 중요하다고 생각했다.

팀원들과 함께할 공간을 마련하다

함께하는 분들은 점점 늘어나 어느덧 열 명을 넘어섰다. 그러자 물건 나누는 일이 만만치 않아졌다. 트럭 장사라는 성격상 새벽이나 한밤중에 만나야 하는데, 엉덩이 붙이고 잠시 커피 한잔할 여유도 없었다. 비라도 오는 날이면 다들 젖은 채로 물건을 받는 모습에 미안한 마음이 들었다.

식구들이 한데 모일 공간이 필요하다는 생각에 2013년 4월, 첫 번째 물류센터를 마련하게 되었다. 창고를 겸하는 이곳에서 트럭 장사 사관학교의 교육도 이루어지고, 이른 아침마다 작전회의도 열린다. 작전회의 때는 계절이나 시즌에 따라 그날그날 유의해야 할 사항들을 전달한다.

"오늘 같은 한파에는 저녁 이전까지 장사에 집중해야 합니다. 밤에는 사람들이 주머니에 손 넣고 땅만 보고 갑니다."

"말복입니다. 그늘에서 수시로 체력 보충하세요. 건강관리도 잘하는 사람이 꾼이고 프로입니다. 땡볕 아래서는 사람들이 빨리 지나가지만 그늘에서는 여유 있게 걸어다니고 주머니도 쉽게 열립니다. 밤 시간 활용 잘하시고요."

또한 이 시간에 팀원들 각자가 당일 팔 물건과 하루 동선을 체크하고, 최근의 시세부터 분위기까지 전반적인 동향도 나눈다. 초짜들에게는 아주 요긴한 공부 시간이기도 하다. 궁금한 것을 얼마든 묻고 답을 들을 수 있다.

저녁 6시 즈음부터는 이곳 창고로 속속 마감 메시지가 들어오기 시작한다.

"표고버섯 200킬로그램 완판하고 돌아갑니다."

"오늘은 마감이 좀 늦었습니다. 그래도 강황 완판입니다."

팀원들은 탁상 달력에 그날의 매입과 매출, 부대비용을 적는 형식으로 마감 보고를 마친다. 비록 간단하지만 하루도 빼먹지 말아야 할 절차다.

하루에도 몇 톤의 물건이 들고 나며, 그 물건들이 저마다의 성과로 돌아와 탁상 달력 위에 숫자로 적힌다. 상자를 내리고 물건을 나르느라 상처 하나쯤은 흔한 장사꾼들의 투박한 손. 그 손으로 적어넣는 숫자만큼, 꿈꾸는 '그날'은 더 구체적인 모습으로 다가온다.

느슨해진 팀을 정비하다

트럭장사 사관학교의 식구들이 한창 불어나 40명에 육박했던 시기가 있다. 그런데 몸집이 커지면서 트럭 장사를 그냥 용돈벌이 정도로 생각하는 이들이 생겨났다. 그런 느슨함은 곧 팀 전체로 전염되었다. 예전의 삶에서 벗어나기 위해 죽을힘을 다해 내디딘 발걸음인데, 허무하게 되돌릴 수는 없는 일이었다. 나는 사람들을 솎아내고 팀을 정비하는 작업에 착수했다.

현재는 과일촌 식구들의 인원을 평균 15명 정도로 유지하고 있다. 기존의 팀원이 목표를 이루고 사관학교를 떠나면 그 빈자리를 신입이 메우는 방식이다. 한 달에 들어오는 신입의 숫자는 두 명을 넘지 않도록 하고 있다. 신입 팀원이 분위기에 적응하고 장사도 어느 정도 손에 익은 다음에 새로운 인원을 충원한다. 이런 운영 방식 덕분에 먼저 온 선배들이 후배를 돕고 화합하는 문화가 자연스럽게 정착되었다.

함께할 때 든든했던 마음도 혼자 트럭에 오르면 한순간 수그러드는 것을 너무도 잘 알기에, 우리는 언제나 격려와 응원을 잊지 않는다. '고생했어', '잘하고 있어', '힘내'는 팀원들 입에서 떨어지지 않는 입버릇이다. 힘든 시간을 딛고 사관학교를 졸업하는 사람에게는 모두의 사진이 담긴 감사패를 증정하기도 한다.

목표로 했던 자금을 모으고 졸업에 멋지게 성공한 이들. 또한 거리의 장사꾼에서 어엿한 자기 가게의 주인이 된 사람들의 이야기를 다음에 소개한다.

14

사관학교의
트럭 식구들

"돌아갈 다리를 끊었습니다"

어느 날 27살의 성현이가 나를 찾
아왔다. 서울의 이름 있다는 대학 건축학과에 재학 중이었는데,
졸업을 반 학기 앞두고 자퇴를 한 채 사관학교 문을 두드렸다.

"아니, 어떻게 될지 모르는데 휴학을 하지 왜 자퇴를 했어요?"

"돌아갈 다리를 끊어야 내가 이걸로 뭔가를 해낼 수 있을 것 같
아서요."

집안이 어려운 것도 아니었다. 아버지는 S전자의 부장이었고
어머니는 미대 교수님이었으니, 먹고사는 걱정과는 거리가 멀 터
였다. 그랬기에 내 눈에는 철없는 객기를 부리는 것으로만 보였다.

"왜 트럭 장사를 하려고 해요. 졸업해서 전공 살리면 괜찮을 텐
데……."

"제가 하고 싶은 일이 따로 있거든요. 4년 동안 대학에 다니면서 늘 고민했습니다. 그리고 제가 갈 길에 확신이 들었어요. 이제는 그 일을 위해 밑천을 만드는 데 집중하려 합니다. 그러니 사관학교에 꼭 입소하게 해주세요."

트럭 장사에 집중하기 위해 여자친구와도 헤어졌다는 이야기를 들으니, 나이에 걸맞지 않게 참 독한 구석이 있구나 싶었다. 성현이는 실제로 2년 정도 트럭 장사에만 악착스럽게 매달렸고 목표했던 금액을 통장에 모았다.

"감독님. 저 이제 졸업해도 되겠어요."

2년이라는 시간 동안 풋풋했던 학생 티를 벗고 검게 그을린 얼굴로 환하게 미소를 지으며, 성현이는 흐뭇한 작별을 고했다. 그동안 모은 금액은 웬만한 대기업의 사회 초년생 수준을 훌쩍 뛰어넘는 정도였다. 사업 자금으로 확보하고 남은 돈으로 어머니의 승용차를 바꾸어주고 자기도 자가용을 한 대 뽑았다.

지금 그는 중국에서 부동산 관련 일을 하며, 국제적인 사업가로서 열심히 발판을 닦고 있다. 건축학도로서 보장되었던 미래에 조금의 미련도 없을 만큼 현재의 삶은 뜨겁고도 벅차다 한다.

뜬금없는 첫새벽에 이따금 그에게서 전화가 온다.

"감독님, 지금 뭐하세요?"

"어, 너 한국 왔구나."

"네, 고기 먹고 싶어요. 사주세요. 지금 갑니다."

사업이 너무 바빠 내일이면 다시 비행기를 타야 한다고, 지금 아니면 얼굴 볼 시간이 없다며 엄살을 부린다. 나와 이른 아침식사를 한 다음에는 여자친구 자가용도 한 대 뽑아주기로 했단다.

트럭 장사의 유통기한

성현이는 나이는 어렸지만, 내가 생각하는 트럭 장사의 '유통기한'을 처음부터 정확히 파악한 친구였다.

내가 사관학교 식구들에게 항상 강조하는 말이 있다.

"트럭 장사는 직업이 아닙니다. 3년 후에는 우리 절대로 보지 맙시다."

내가 트럭 위에서 보낸 인생의 가장 길고도 혹독한 시간도 역시 3년이었다. 트럭 장사를 평생 직업으로 삼아 언제까지고 이 일로 생계를 잇겠다고 생각하는 사람에게 희망은 없다. 딱 3년. 삶의 밑천이 될 디딤돌을 이 악 물고 마련한다는 심정으로 트럭에 올라야 트럭 장사에서도, 이후의 삶에서도 성공할 수가 있다.

낮에는 길거리에서 종일 먼지를 마시고, 밤이면 파스 냄새로 도배하는 삶에 기한이 없고 목표도 없다면 제아무리 천하장사라도 어느 순간 진력이 날 것이다. 그때부터는 장사에 의욕을 잃고 '오늘 하루쯤 뭐 어때.' 하고 슬슬 요령을 피우게 된다.

그래서 나는 트럭 장사를 시작하는 첫날부터 3년의 명확한 목표를 세우라고 사람들에게 말한다. 3년 목표가 정해지면 1년, 6개월, 3개월, 한 달, 일주일 단위로 목표를 쪼개어 세분화한다. 그래야만 하루 한 시간도 허투루 쓰지 않겠다는 각오를 날카롭게 유지

할 수 있다.

지금도 트럭장사 사관학교에서는 이른 아침부터 '하루'라는 전쟁을 치르기 위해 전열을 가다듬는 기합 소리가 넘친다.

"배 감독님, 저 장사 나갑니다. 3년 뒤에는 보지 맙시다!"

'쪼까 거시기했던 사나이'의 결심

"인자…… 나가 시방부터라도 트럭 장사를 한번 해보고 잡소."

멀리 전라도 영암에서 올라온 장 씨 아저씨의 첫인상은 말 그대로 구수했다. 톡 쏘는 맛이 있는 전라도 사투리가 인상적이었다. 30대 중반의 가장인 그는 돈을 벌기 위해 안 해본 일이 없을 정도라 했다. 하지만 그저 닥치는 대로 일만 했을 뿐, 딱히 무엇을 해야겠다는 꿈이나 미래의 계획이 없었다. 그래서인지 형편이 늘 그만그만했고, 뭔가 뾰족한 수가 보이지 않았다.

고민 끝에 번듯한 가게를 하나 마련하고 싶다는 생각에 다다랐다. 영암에서 생선 장사로 자식들을 뒷바라지했던 부모님의 영향이었다. 자신도 사랑하는 아내와 아이를 위해 집도 한 칸 마련하고, 남부럽지 않게 살도록 해주고 싶다고 했다. 그것이 장 씨 아저씨의 새로운 꿈이었다.

트럭장사 사관학교에서 교육을 마치고 장사를 시작하면서 그는 특유의 구수한 사투리를 장기로 손님들의 귀를 사로잡았다. 매출도 빠르게 올라갔다.

그런데 이상하게 그는 한여름에도 늘 긴소매 옷만 입고 다녔다. 얼굴에 땀이 송글송글 맺히는데도 소매를 걷어 올릴 생각을 않는 그에게 물었다.

"보는 사람이 다 더워 보인다."

"아따~ 괜찮당게요, 성님."

"그냥 반팔을 입지. 시원하게."

잠시 머뭇거리던 그는 이렇게 속사정을 털어놓았다.

"성님, 실은 나가 쪼까 거시기한 때가 있었어라……. 교도소도 가고 돌아댕김서 몸에 그림도 쪼까 그리고 혔는디, 아따 그것이 징하게 안 지워지네이~ 아그들헌티 뵈주기도 챙피허고 유젯 사람들도 보믄 얼매나 한심스럽것소. 장사 댕겨도 사람들이 안 좋게 볼 것이고. 지금 생각하믄 참말로 후회되부요. 결혼해서 남편 되고, 애비가 되부니 더 좀 그라요."

그제야 한여름에도 꽁꽁 맨살을 숨긴 이유를 알 수 있었다.

그가 굳이 서울까지 올라와서 트럭 장사를 시작한 것도, 고향 동네에선 그를 모르는 사람이 없을 정도였기 때문이다. 아차 하면 원래의 생활로 돌아갈 것만 같아, 마음을 굳게 먹고 고향을 떠났다고 한다. 새벽부터 트럭을 타야 하는 타향살이를 임신한 아내와 함께 할 수는 없었기에, '곧 함께 살자'는 약속을 하고 혼자 상경했다.

우연한 기회에 그의 맨살을 보았는데 피식 웃음이 났다.

"이야~ 도화지 참 알뜰하게 썼다. 아주 빈 공간이 없네. 이제 심심할 때 만화책 볼 필요 없이 네 몸 보면 되겠다."

젊은 날의 방황을 만회하고 싶어서인지 그는 정말 장사만 생각했고 다른 데 한눈을 팔지 않았다. 특히 아내가 올라온 후로는 저녁 시간에 일절 약속 잡는 법이 없었다. 얼른 집에 가서 아이와 놀아줘야 한다며 늘 바쁜 걸음을 옮기곤 했다. 멋진 남편, 멋진 아빠가 되고 싶다는 꿈을 충분히 이룬 모습이었다.

그리고 얼마 후에는 그의 또 다른 꿈이 현실이 되었다. 국가대표 과일촌과 함께하면서 자신의 가게를 인수한 것이다. 지금은 어두운 시절을 함께했던 '동생'들까지 서울로 올라와서 장사를 돕곤 한다.

"아따, 엄니! 한번 드셔보랑게요. 맛없으믄 기냥 가믄 되지, 뭣이 걱정이여~" 하고 신나게 외치다가도 나만 보면 90도로 인사하며 '성님'을 찾는 바람에 손님들을 한바탕 웃게 만든다.

"성님 오셨어라~ 어째 얼굴이 뭐해 보인당게요, 성님."

이따금 내가 '만화책'이라는 별명을 부르면 "아따, 우째 또 그란다요." 하며 웃는 그. 새로운 곳을 향해 그의 꿈은 지금도 움직이고 있다.

박 사장님에게서 배운 '쉼'

60대 중반의 박 사장님을 처음 봤을 때는 '다시 생각해보시라'며 만류했다. 연세도 있는 데다가 몸이 너무 왜소하고 약해 보였기 때문이다. 트럭 장사는 무엇보다 체력이 뒷받침되어야 하기에 완곡하게 거절을 하고 돌려보냈다. 그러자 이분은 몇 번이고 다시 찾아와 사관학교에 입소하게 해달라고 졸랐다.

박 사장님은 포항에서 사업을 했는데 일이 꼬이면서 1억의 빚을 지게 되었다. 그 빚을 갚기 위해 가방 하나 달랑 들고 무작정 상경해서 나를 찾아온 것이다. 그 간절한 마음을 외면할 수가 없어서 결국 우리 식구로 받아들였다.

꼬박 16개월 동안 트럭 장사를 하면서 이분은 누구보다 열정이 넘쳤다. 폭우가 쏟아지는 날도, 한파 예보가 있던 날도 개의치 않았다. 명절 때도 집에 가지 않았다. 16개월 동안 장사를 빠진 날이 단 하루도 없었다. 게다가 가지고 나간 물건이 일찌감치 다 팔리면 저녁 7시가 다 되어서도 물류센터로 돌아왔다. 물건을 한 번 더 싣고 나가 밤 장사를 하기 위해서였다.

"박 사장님. 피곤하실 텐데 오늘은 그만 쉬세요."

"마, 뭐시 대다카는교(힘들다고 그럽니까)? 내는 구경함시로 댕깁니더. 처음 서울 올라가가 길도 모르고 내비가 이래이래 가라카는 데로만 갔다 아입니꺼. 근데 마 인자는 서울 천지삐까리 모르는 데가 읍으예.

집구석에서 할 게 있는교. 나이 묵고 밖에 나와가 이래 쪼매 댕기믄 돈 10만 원이라도 번다 아인교. 사람 구경하고 길가 구경하고 억수로 좋다 아입니꺼. 내 혼자 할라 캤으면 진즉에 때리치았으예. 하나에서 열까지 마 단디 알카주시니께 됐다 아입니꺼. 억수로 고맙습니데이, 배 감독님."

나는 '쉼'이라는 말을 이분에게서 배웠다. 나는 지금껏 일을 하면서 '쉬면 안 돼. 쉬는 건 뒤처지는 거야'라고만 생각해서 스스로를 다그쳤다. 그런데 박 사장님은 일을 곧 쉼이라고 받아들였다. 내가 신발 끈을 고쳐 묶고 긴장한 채 내달렸던 길을, 그분은 소풍 가듯 즐겁게 나섰던 것이다.

유명한 디자이너 앙드레김은 생전에 일벌레로 유명했다. 한번 일에 빠져들면 잠도 안 자고 계속 매달렸다. 하루는 기자가 이렇게 물었다.

"선생님은 일만 하시는데 언제 쉬세요?"

"지금 쉬고 있잖아요."

"일하시는 거 아닌가요?"

"그렇게 보여요? 전 이게 쉬는 거예요. 일을 일로 생각하면 힘들고 하기 싫어지잖아요. 난 언제 쉬어볼까 싶고 피곤해지죠. 그런데 이걸 즐기면 그게 일이 아니라 '쉼'이 되는 거예요."

박 사장님은 쉼이라는 게 무언가에서 해방되는 것이 아님을 가르쳐주었다. 내 앞의 시간 속으로 기꺼이 뛰어들어 그 순간을 열정적으로 누리는 일. 우리가 몰랐던 쉼의 또 다른 모습이다.

"우리 1억 클럽 함 만들어보입시더"

코끝까지 쨍한 한파에도 "내가 예전에 바닷가에서 근무한 적이 있는데, 이 정도 추위는 추위도 아입니더. 이 정도면 억수로 장사하기 좋은 날 아인교." 하던 박 사장님. 트럭장사를 시작하고 1년째 되던 날에는 이렇게 반가운 이야기를 꺼냈다.

"배 감독님, 인제 빚 다 갚았심더. 지 같은 노인네도 했는데 젊은 사람이 와 안되겠습니꺼. 우리 1억 클럽 함 만들어보입시더. 쪼매 열심히 하면 1억 모으는 거 다 할 수 있다 아입니꺼."

하지만 16개월이 되었을 때, 그렇게 좋아하던 장사를 그만두어야만 했다. 예전부터 고혈압 증상으로 약을 복용했고 당뇨에다, 신장 쪽도 문제가 있었는데 몸을 너무 혹사해서인지 결국 일이 터졌다. 12월 말, 새벽에 출근을 하다가 정신을 잃고 계단에서 굴러 떨어진 것이다. 그렇게 정신을 잃은 것이 세 차례였는데도 끝까지 장사를 나가다가 나중에서야 병원을 찾았다. 병원에서는 급히 큰 병원 응급실로 가라고 권했고, 응급실 의사에게서 '이미 죽은 사람으로 생각하라'는 말을 들었다고 한다. 지금은 약에 의존한 채 일주일에 두세 번씩 투석을 해야 하는 상태이지만 아직도 사관학교 식구들을 잊지 않고 연락을 해오신다.

마지막 박 사장님이 보내온 문자를 보고 우리는 모두 눈물을 흘렸다.

'감독님, 그리고 팀원 분들 모두 잘 지내시지요.
열정적으로 분투하는 팀원 분들 모습이 눈에 선합니다. 혹한의 추운 날씨에 고생들 정말 많으십니다. 팀원 분들에게서 용기를 얻고, 또 인내하는 삶을 배우며 함께했던 16개월이 제 인생에서는 잊지 못할 소중한 순간이었습니다.

일상생활이 어려워 일손을 내려놓고 나니 치열하게 살았던 지난 60여 년. 이제는 더 욕심내지 말고, 다 비우고 편히 지내다 오라는 하늘의 배려가 아닌가 하는 생각이 듭니다.

만약 건강이 조금이라도 회복된다면 트럭 장사를 다시 하고 싶은 마음입니다. 노력한 만큼 보상을 받는 정직한 일이니까요.

팀원 분들, 한 분 한 분 정말 고마웠습니다.'

박 사장님의 주름진 선한 미소가 떠올라 마음이 오래도록 아렸다. 포항에 내려가기 이틀 전, 불편한 몸을 끌고 회식 자리에 참석했던 모습. 돌아가는 계단에서 숨이 차 몇 번이고 쭈그려 앉던 뒷모습이 지금도 잊히지 않는다.

그가 제안했던 1억 클럽은, 현재 국가대표 과일촌에서 새로운 제도로 뜻을 잇고 있다. 사관학교 이수 후에 1년 이상 성실하게 장사를 한 팀원에 한하여, 평가 기준을 거쳐 본인의 과일가게를 열도록 지원을 한다. 가게 창업에 필요한 일체의 비용은 회사가 지불하며, 수익은 개인이 전액 가져가는 시스템이다. 이 제도 속에는 '누구나 성실히 즐겁게 일하면 충분히 혼자 설 수 있다'는 박 사장님의 신념이 녹아 있다. 노력하는 사람들이 트럭 장사에서 멈추지 않고, 한 단계 더 넓은 세상으로 나아갈 수 있도록 돕는 발판이 되었으면 한다.

나는 참 운이 좋은 사람이다.

박 사장님 같은 스승을 만나 배울 수 있었으니.

누군가의 손을 잡아줌으로써 함께 성장할 수 있으니.

지금은 홍 반장의 시간

유명 홈쇼핑에서 쇼호스트로 실력을 인정받던 홍 선생은 30대 후반 무렵에 사업을 시작하면서 야심차게 인생의 2막을 열었다. 하지만 잘되던 사업은 무리한 확장으로 급격히 기울어졌고 결국 큰 빚만 떠안은 채 끝을 맺고 말았다.

40대 후반의 나이로 단칸방에서 다시 한 번 재기를 꿈꾸던 그는 트럭장사 사관학교를 선택했다.

"지금껏 내가 잘나서 그렇게 잘나갔다고 착각을 했나 봐요. 모든 걸 잃고 나니 나를 돌아보게 되고, 이제야 주변이 눈에 들어오네요."

면담을 마친 후 그는 고행을 다짐하듯 걸어서 전국일주를 했다. 그 기간 동안 금주와 금연을 스스로 약속하고 철저히 지켰다. 그리고 트럭에서 보낼 1,000일이라는 시간을 내걸었다.

목표가 무엇이냐는 질문에 그는 이렇게 답했다.

"내 가족들이 편히 쉴 수 있는 방 두 칸짜리 집을 얻는 것이 첫 번째 목표고요, 다음은 욕심이라고 할지 모르겠지만 국숫집을 열고 싶어요. 크지 않은, 아담한 국숫집이요."

그렇게 그의 트럭 장사 도전기는 시작되었다.

쇼호스트 경력은 장사에서도 빛을 발하는 중이다. 그의 화려한 입담에 과일을 살 마음이 없던 행인들도 저절로 발걸음을 멈춘다. 남부럽지 않던 과거는 잊고, 앞으로 만들어나가야 할 미래를 위해 반년 동안 쉬지 않고 트럭에 몸을 싣고 있다.

이제 그는 국가대표 과일촌에서 중요한 역할을 한 가지 더 맡고 있다. 흥이 넘친다 해서 붙여진 '흥 반장'이라는 별명답게 분위기 메이커 역할을 하면서 다양한 행사를 주도한다. 야유회에서는 전문가의 실력으로 사회를 맡아 웃음을 주고, 아침이면 좋은 메시지를 담은 영상을 편집해서 틀어주기도 한다.

특히 과일촌의 독특한 문화인 '발주 타임'은 흥 반장의 흥이 폭발하는 시간이다.

예전에는 하루 전날 미리 선발주를 했는데, 이제는 서로 경쟁하면서 의욕도 고취할 겸 다 함께 모여서 발주를 한다.

일단 승부욕을 자극하는 배경 음악을 튼다. 영화 〈록키〉나 〈국가대표〉의 OST가 제격이다. 그러고는 누군가가 먼저 발주하기를 기다린다.

"참외 50개!"

"질 수 없지. 난 오늘 남아도 간다! 70개!"

이렇게 경쟁 입찰을 하듯 점점 물량이 올라간다. 자신의 평소 실력보다 더 많은 양에 도전하는 사람에게는 모두가 박수를 치며 격려를 하기도 한다.

이때 센터를 치열한 경매장 분위기로 후끈 달아오르게끔 추임

새를 넣고 부추기기도 하는 역할은 단연 홍 반장이 최고다.

홍 반장의 '무한 긍정' 기운 덕택에 오늘도 일터로 향하는 식구들의 아침 발걸음이 한결 가뿐하다.

신선한 꿈을 유지하는 과일촌 식구들

과일촌에는 홍 반장처럼 재미있는 닉네임을 가진 분들이 여럿 있다.

축구선수 출신인 스물일곱 청년의 별명은 '팔래'다. 펠레 같은 축구선수가 되고 싶다는 어릴 적 꿈에, 무엇이든 다 팔겠다는 각오를 담아서 별명을 지었다.

'이다매'라는 여성 분도 있다. 성이 박 씨인데 박리다매 정신으로 장사를 한다 해서 스스로 지은 별명이다.

사법고시를 준비하던 고시생 '세프'도 있다. 사시가 폐지되면서 오랜 꿈에 미련을 버리고 트럭 장사를 결심한 경우다. 사실 세프라는 별명 앞에는 '유니'라는 수식어가 생략되어 있다.

이 친구는 장사 첫날부터 일주일 동안 숨은 재능을 발휘해 가지고 나간 물건을 모두 파는 진기록을 세웠다. 그런데 어이없게도 마진은 하루에 3만 원, 많아야 9만 원 남짓이었다. 장사가 잘된다고 들떠서는 손님들이 달라는 대로 덤을 주었던 것이다. 남는 것 없이 봉사활동 하러 다닌다 해서 우리가 (유니)세프라고 별명을 지어줬다.

앞으로는 과일촌의 식구들 모두가 닉네임을 하나씩 짓도록 하고 거기에 잘 어울리는 캐릭터를 만들어서 스티커를 제작할까 계획 중이다. 각자의 트럭에 자기만의 캐릭터와 닉네임을 달고서 장사를 나가는 것이다. 손님들의 흥미를 끌 수 있고, 재미있는 대화거리도 되지 않을까 싶다.

"왜 별명이 이다매예요?"

"제가 트럭 장사 시작하면서 저희 집 가훈을 바꿨잖아요. 박리다매로."

"홍 반장도 아니고, 홍 반장은 뭐래?"

"제가 워낙 흥이 넘쳐서 흥 반장이에요. 어머니를 위해 노래 한 곡 할까요?"

"'셰프'라는 거 보니 요리사였나보다."

"아니요. 손님들한테 과일 거저 주고 다닌다고, 매일 봉사 활동한다고 식구들이 유니셰프래요."

다양한 별명만큼 과일촌 식구들은 저마다 사연도 다양하고 트럭을 모는 이유도 제각각이다. 이들의 하루도 늘 똑같지는 않다. 어느 날은 신나게 물건이 팔려나가서 의욕이 솟지만, 다음날에는 거짓말처럼 혹독한 하루가 찾아오기도 한다. 하지만 그 울퉁불퉁한 하루하루들이 모여 향하는 곳은 분명 더 밝으리라는 것을 나는 의심하지 않는다.

15

생존율 20퍼센트,
사관학교에서 살아남는 법

까다로운 면접과 심사

트럭장사 사관학교는 나름의 입소 절차가 있다. 하루에도 많게는 수십 통의 문자나 전화가 오지만, 일단 면접을 통과해야만 사관학교의 일원이 될 수 있다. 면접을 진행하는 가장 큰 이유는 '할 거 없는데 트럭 장사라도 해야지'라고 생각하는 사람들을 막기 위해서다. 말로만 절실하다고 할 뿐, 이런 사람들은 지금의 상황을 벗어날 준비가 되어 있지 못하다. 더불어 '이곳에 오면 알아서 다 잘되겠지'라고 착각하는 이들에게 현실을 똑바로 알려주기 위해서이기도 하다.

면접 시간은 새벽 6시에서 6시 30분으로 정한다. 당장의 충동이 아닌, 확고한 의지와 절실함이 뒷받침되었는가를 보기 위해 일부러 이렇게 이른 시간을 선택했다. 서울이나 경기도 쪽 분들은 큰 문제가 되지 않지만, 지방에 사는 분들은 그 시간에 외진 물류 센터까지 온다는 게 보통 일은 아니라는 걸 안다. 하지만 예외는 없다. '약속을 얼마나 잘 지키는가'는 장사꾼의 중요한 자질이기 때문이다. 절실하다면 시간이 이르다는 것 정도는 핑계가 될 수 없을 것이다.

면담을 할 때도 성공하는 사례보다는 실패하는 80퍼센트에 대해 먼저 이야기를 꺼낸다. 달콤한 말로 희망에 부풀게 만들기보다 최악의 상황을 먼저 생각해보도록 해야 그 사람의 진심을 가늠할 수 있다.

면담을 한 후에는 다시 한 번 가족들과 진지하게 상의를 해보고, 목표 카드를 작성하도록 한다. 트럭 장사를 하게 된 이유와 자신의 1년 뒤 목표, 6개월 뒤 목표, 3개월 뒤 목표, 1개월 뒤 목표, 오늘의 목표를 적어야 한다. 그리고 이 목표를 꼭 이루겠노라고 가족들과 약속한다.

그런 뒤에도 이 장사를 꼭 해야겠다는 생각이라면, 이틀 후 목표 카드를 사진으로 찍어 나에게 문자로 보내달라고 한다. 나 역시 한 번 더 고민을 한 뒤 입소를 결정한다.

'그깟 트럭 장사 하는데 무슨 거창하게 목표씩이나 쓰라고 하나.' 싶은 사람도 분명 있었을 것이다. 하지만 목표가 없다면 그저 하루 벌어먹고 살기 위한 장사에 그치고 만다.

앞에서도 말했듯 배가 바다에 떠 있다고 모두 항해를 하는 것은 아니다. 가야 할 목표가 있어야만 표류가 아닌, 항해라 할 수 있다.

목표는 배를 항해하게 만드는 유일한 연료다.

또한 목표를 머릿속으로만 생각하고 글로 적어놓지 않으면 잡념으로 그칠 확률이 높다. 목표를 글로 써서 매일매일 읽을 때 비로소 현실이 된다는 걸 나는 직접 경험했다. 장사를 하다 보면 좋은 날보다도 힘든 날이 더 많다. 마음이 흔들릴 때, 목표와 계획이 있는 사람은 그 순간을 이길 수 있다.

고된 현장과 마주친 초보 장사꾼들

입소가 결정되면 3일 정도 교육이 시작된다. 먼저 기존 식구들의 일과를 그대로 따르는 현장 실습을 실시한다. 새벽같이 나가서 물건을 다 팔 때까지는 돌아올 수 없다. 내가 동행을 할 때도 있고, 교육을 담당하는 팀원과 함께 나가기도 한다.

트럭 장사는 처음이다 보니 다들 고생을 한다. 끼니를 거르는 것은 보통이고, 이리저리 단속반에 쫓기는 경험도 한다. 현장에 다녀온 교육생들은 하나같이 '그냥 트럭을 몰고 나가면 되는 줄 알았는데 그게 아니었다'고 입을 모은다.

현장에서 보이는 반응은 제각각이다. 어떤 사람은 의욕에 넘쳐 자신이 한번 해보겠다고 먼저 나서는가 하면, 어떤 사람은 하루 종일 꿀 먹은 벙어리가 되어 멀뚱히 쳐다만 본다. 심지어 하루 교육 후에 모습을 감추는 경우도 있다.

그렇게 첫날의 교육을 마치면 실내에서 내가 직접 이론 교육을 한다. 손님을 끄는 방법, 손님을 오래 붙드는 법, 자리 선정 방법,

다양한 상황에 따른 대처법, 자기관리의 중요성 등을 설명하고 질문에 답을 해준다.

마지막 날은 원하는 사람에 한해 오프라인 매장 실습을 실시한다. 과일촌 식구들이 운영하는 가게에 파견되어서 매장 일을 돕고, 배운 내용을 응용해 직접 판매도 해본다. 나도 합류해서 장사하는 모습을 지켜보고 지도를 한다.

교육을 마친 후에도 초보 장사꾼을 덜렁 혼자 내보내진 않는다. 어느 정도 익숙해질 동안 선배들이 거들어주는 '현장 동행'을 시행하여, 부족한 부분을 보완해주고 격려도 해준다.

이제부터 교육생은 국가대표 과일촌의 식구가 된다. 자신의 트럭 위에 자기만의 꿈을 싣고 달리는 일이 기다리고 있다.

80퍼센트의 중도 탈락자들

사관학교의 중도 탈락률은 80퍼센트가 넘는다. 적지 않은 사람이 세 달 안에 그만두며 3일, 혹은 하루 만에 그만두는 경우도 종종 있다.

이제는 아침에 눈빛만 보아도 그 사람의 마음을 어느 정도 읽을 수 있을 정도다. 눈빛에 두려움이 서려 있는 사람도 있고, 마지못해 나온 듯 마뜩찮은 기운이 느껴지기도 한다. 며칠 전 장사를 망쳤던 실패의 순간만 계속 떠올리며 고민하는 이들도 있다.

이런 사람들이 포기하기 전에는 꼭 전조 증상이 나타난다.

며칠 동안 말도 없이 장사를 안 나온다든지, 장사를 나와도 내가 있는 곳에서는 조용하다가 자신처럼 판매가 부진한 사람을 찾아가 열심히 대화를 나누곤 한다. 이런 증상을 보이면 십중팔구는 얼마 후 포기를 선언하며, 개중에는 과일촌을 떠나 다른 곳에서 트럭 장사를 시작하기도 한다.

나는 사관학교를 나가는 사람을 특별히 붙잡거나 달콤한 말로 구슬리지 않는다. 이 역시 스스로 선택하는 일이기 때문이다.

하지만 열의가 보이는데 판매가 부진한 사람에게는 나도 최선을 다해 도움을 주고자 노력한다.

전날 물건이 많이 남았지만 남을 탓하는 것이 아니라 원인을 찾고자 하는 사람들. 지칠 법한데도 일부러 아침 일찍 나와 나에게 이런저런 질문을 하는 이들에게는 내가 직접 장사를 따라 나가 판매를 돕기도 하고, 필요한 조언을 해주기도 한다.

내가 흘려보내는 시간은 나만의 것이 아니다

거제도에서 조선소 일을 접고 올라온 닉네임 '이장'이라는 팀원이 있었다. 아직 어린 두 딸의 응석을 보지도 못하고 타향에서 혼자 트럭 장사를 하기로 결심했다. 딱 3년간 일해서 자립할 수 있는 종잣돈을 마련하겠다는 것이 그의 목표였다.

8월에 교육을 받았지만 회사 일을 마무리 짓고 이곳에 합류하여 첫 출격을 한 것은 12월 무렵이었다. 이런 경우에는 대부분 적응이 쉽지 않다. 교육을 받은 지 이미 오래되어 감이 떨어지기 때문이다. 아니나 다를까, 처음에는 계속 부진을 면치 못했다. 하지만 그럴 때일수록 누구보다 일찍 나와 조언을 구하고, 밤늦은 시간까지 장사를 했다. 나와 수시로 주고받은 이야기를 메모하기 위해 주머니에는 항상 수첩을 넣고 다녔다.

그렇게 한 달쯤 지나자 어느 정도 자리를 잡아가는 것이 보였다. 그러던 어느 날, 종일 단속에 시달리고 주변 상인들에게 욕을 먹은 날이었다. 아직 하루가 절반이나 남은 환한 낮에 장사를 포기하고 집으로 돌아가겠다고 연락이 왔다.

안타까운 한편 나도 모르게 화가 치밀었다. 조금만 더 가면 되는데, 여기서 돌아서면 안 된다는 생각에 호되게 야단을 쳤다.

"야! 너 이러려고 이곳까지 올라왔어? 시간을 왜 네 마음대로 써. 그 시간이 왜 네 시간이라고 생각해! 너만의 시간이 아니라, 가족의 미래까지 걸린 시간이야. 애들과 놀아주지 못한 시간, 아내와 함께 있지 못한 시간. 그렇게 소중한 시간을 어떻게 함부로 써. 정신 똑바로 차려!"

만약 노력도 없이 자포자기한 사람이라면 이런 꾸지람도 하지 않았을 것이다. 오히려 역효과만 나기 때문이다. 하지만 그는 그날 이후 새로운 모습으로 장사에 달려들었다. 페이스를 되찾은 후 속도를 높여서 현재는 사관학교의 에이스로 올라섰다.

꿈을 이루기 위해서는 그 꿈에 끈질기게 따라붙는 어두움과 좌절, 두려움을 이겨내야만 한다. 쉽게 이룰 수 있었다면 그것을 꿈이라 부르지도 않았을 것이다. 아직 이루지 못했기에 꿈이며, 꿈이기에 얼마든 내 것으로 만들 수 있다.

끓기도 전에 넘치는 사람

선우는 평소 알고 지내던 동생이었다. 하던 일이 어려워지고 다시 취업하기도 힘든 상황이라 고민 끝에 사관학교에 입소를 했다. 아무래도 친분이 있으니 장사 초반부터 장사 통을 키워주려 신경을 많이 썼다. 선우도 잘 따라준 덕분에 남들보다 뛰어난 수완을 발휘하는 듯 보였다.

그런데 6개월 정도가 흐른 후부터 선우는 점점 자신과의 싸움에서 밀리기 시작했다. 대부분의 경우 장사가 힘들어지는 시점은 게으름이 찾아오는 시점과 맞물린다.

다른 사람들은 6시에서 7시면 출근을 마치는데 선우는 9시가 다 되어서야 얼굴을 내밀었고, 그마저도 하루이틀 빠지는 날이 늘어났다. 당연히 매출은 점점 떨어졌다. 선우는 그 원인을 자기 자신에게서 찾는 것이 아니라 외부에서 찾기 시작했다.

'좀 더 싼 곳이 있을 거야. 그러면 이익이 더 많이 남겠지.'

'산지를 직접 가봐야겠어. 어차피 내 장사하려면 그런 경험도 해봐야지.'

그렇게 스스로 도매시장도 다녀보고 산지도 내려가 보았지만 혼자 사입해서 장사를 한다는 것이 비효율적이라는 사실을 얼마 안 가 체감하게 되었다. 도매시장은 트럭 장사에 최적화된 곳이 아니다 보니 가격대가 잘 맞지 않았고, 산지를 가자니 이틀 장사하고 하루를 쉬는 꼴이 되어 시간 낭비가 심했다. 거기다 사과나 배 같은 것은 플라스틱 상자로 오는데, 이것을 다시 돌려주러 가는 것도 일이었다. 물건이 있다고 해서 내려갔는데 막상 가보면 모두 나가고 없거나 있더라도 마음이 들지 않는 경우도 종종 있었다. 그렇게 불평이 쌓이고 장사를 하는 날보다 거르는 날이 많아지다가 결국에는 포기를 하기에 이르렀다.

물은 99도에서는 끓지 않는다. 100도에서 단 1도라도 부족하면 절대로 끓지 않는다. 선우도 자신이 끓어 넘칠 때까지 기다렸다면 분명 더 좋은 성과를 냈을 텐데 하는 아쉬움을 지울 수 없다.

우엉 박사의 안타까운 퇴장

트럭장사 사관학교에서는 팀원들끼리 전화번호를 가급적 교환하지 않는 것을 원칙으로 한다. 서로 분위기에 휩쓸릴 우려가 있기 때문이다.

평창 동계올림픽에서 큰 주목을 받았던 우리나라 여자 컬링 팀 선수들은 대회의 시작과 함께 휴대전화를 반납하고, 모든 언론과의 인터뷰를 제한했다고 한다. 선수들의 동요를 막기 위한 감독의 조치였다.

장사도 동요가 되기 쉽고, 한번 마음이 들썩이면 큰 영향을 받는 종목이다. 동요의 시작은 대부분 부정적인 사람이다.

"오늘 장사 좀 어때? 날이 흐려서 그런가 사람들이 영 돈을 안 쓰네. 아무래도 오늘은 그른 것 같아. 난 일찍 접을란다. 너도 같이 가지 그래?"

그냥 집에 들어가면 그나마 다행이다. 서로 어울려 술을 마시고

때로는 경마장에 몰려가는 사람들도 있다.

그중에서도 김 사장님은 참 안타까운 경우였다.

김 사장님은 첫 교육 때부터 고생을 많이 했다. 마지막 떨이를 털어내기 위해 새벽까지 일을 하기 일쑤였다. 그러다 품목을 참외에서 우엉으로 바꾸면서 상황이 역전되었다. 과일은 이동인구가 많은 곳에서 잘 팔리지만, 우엉이나 표고버섯은 꼭 그렇지가 않다. 충동적으로 사는 손님보다 필요해서 사는 손님이 많기 때문이다. 김 사장님은 이동인구가 많고 단속도 심한 곳보다는 조금 외진 곳을 선호했기에, 우엉이라는 품목과 잘 맞아떨어졌다.

당시 우엉을 잘 판다 하는 팀원이 30~40박스 정도였는데, 김 사장님은 하루에 50~70박스를 거뜬히 해치우고 일찌감치 퇴근을 했다. 장사가 안 될 때는 기가 죽어서 소극적이던 분이, 장사가 좀 된다 싶으니 어찌나 입담이 좋은지 나도 놀랄 정도였다. 마치 말문이 갑자기 트인 아이가 쉬지 않고 말을 쏟아내는 것 같았다.

잔뜩 고무된 김 사장님은 얼마 전 퇴직한 친구에게도 트럭 장사를 권했다. 그것이 자신에게 마이너스로 작용할 줄은 전혀 몰랐으리라.

친구 분의 경우는 그리 절박한 상황이 아니었다. 경제적인 여유가 있어서 그저 퇴직 후 소일거리로 삼을 만한 일을 찾던 중이었다. 이분이 팀에 합류하자 처음에는 김 사장님도 장사에 관해 하나라도 더 알려주려 애쓰며 응원했다.

하지만 친구 분은 반짝 재미있게 일하나 싶더니, 장사가 내리막에 접어들자 영 흥미를 잃었다. 이 고비를 넘겨야 장사의 진정한 맛을 느낄 수 있는 법이건만, 그냥 장사를 쉬면서 자신의 주말농장에서 시간을 보냈다.

문제는 어느 순간 김 사장님도 친구에게 휘말렸다는 것이다. 종종 함께 주말농장을 찾더니 결국 장사의 탄력이 급격히 떨어지고 자신감도 잃어 일을 접어야 했다.

장사는 자기와의 싸움이다. 다른 무언가가 끼어들기 시작하면 싸움에 결코 집중할 수 없다.

트럭장사 사관학교의 수칙

팀원들이 장사를 나가고 나면 나도 틈 날 때마다 가서 장사하는 모습을 지켜보곤 한다. 문제가 있으면 돕고, 필요한 조언도 해주기 위해서다. 또한 과일촌 식구라면 반드시 지켜야 할 몇 가지 수칙들을 점검하는 차원이기도 하다.

수칙 1. 의자는 갖다 버려라

절대로 허용되지 않는 것 한 가지는 바로 의자다. 아직까지 의자를 갖다놓고 앉아서 장사를 하는 팀원은 없었지만, 만약 그렇게 한다면 바로 퇴소 조치를 한다는 것이 과일촌의 규칙이다.

장사는 순간이다. 내 트럭을 지나친 사람은 절대 뒤돌아보지 않는다. 사람들이 내 트럭에서 한 발자국 벗어나기 전에 붙들어야 한다. 손님이 내 트럭을 돌아보는 한순간의 기회를 잡기 위해 장사꾼은 언제나 만반의 준비가 되어 있어야 한다.

그러니 앉아서 편하게 돈 벌 생각은 일찌감치 버려야 한다. 내가 엉덩이를 붙이고 앉아 있지 않았다면 지금쯤 그 손님은 내 트럭으로 와서 과일 맛이라도 한번 보고, 나와 말이라도 한번 섞었을지 모를 일이다.

수칙 2 옷차림을 단정히 하라

트럭장사 사관학교에서는 깔끔한 옷차림을 중시한다. 비록 트럭 장사지만 슬리퍼를 질질 끌고 다니고, 땀 냄새 나는 옷으로 다가가면 누구든 피하고 싶어지게 마련이다.

그래서 여름철에는 여분의 옷을 들고 다니며 최대한 땀 냄새가 나지 않도록 한다. 너무 장사꾼 냄새가 나는 옷차림도 피해야 한다. 거리에서 흔히 보는, 조끼 하나 걸친 채 풀어헤친 모습은 금물이다. 닳고 닳은 장사꾼의 모습보다는 성실하고 깔끔한 이미지를 주는 것이 장사에 훨씬 도움이 된다.

고가의 옷이나 금목걸이 등도 허용하지 않는다. 비싼 브랜드의 패딩으로 무장을 하고 있으면 '장사해서 살 만한가 보네.' 싶어 물건을 팔아주고 싶은 마음이 쏙 들어갈 수도 있다.

장사하는 트럭 옆에서 아무렇지도 않게 담배를 피우는 장사꾼도 있다. 자기 가게 안에서 담배 피우고 재를 터는 격이다.

나도 흡연자이기에 담배를 피울 때마다 늘 조심한다. 꼭 손님들 눈에 안 보이는 곳에서 피우고 흡연 후에는 가그린을 한다.

"총각, 담배 피지. 아유~ 냄새 나. 담배 좀 끊어. 좋지도 못한 거 왜 돈 아깝게 피워 없애."

처음 장사를 시작했을 때 손님들에게 이런 잔소리를 몇 번 들은 다음부터는 흡연 후 반드시 가그린으로 입을 헹구는 것이 버릇이 되었다.

나의 가게인 트럭을 존중하고 손님을 배려하는 일. 장사의 기본이다.

수칙 3. 쓰레받기와 빗자루는 필수

트럭에 쓰레받기와 빗자루는 필수 품목이다. 트럭을 세우면 주변을 말끔히 정리하고서 손님 맞을 준비를 해야 한다. 트럭을 세운 그곳이 오늘 나의 일터이기 때문이다. 장사를 마친 후에도 마찬가지다. 빈 상자는 모두 펴서 한쪽에 가지런히 모아두어, 박스를 가지고 가는 어르신들이 챙기기 쉽도록 해둔다. 내가 머물다 간 자리가 지저분해서 주변 상인들이 눈살을 찌푸리는 일이 없도록 주의해야 한다. 알아봐 달라고 하는 일이 아니더라도, 손님들은 장사꾼의 성실한 모습을 금세 알아챈다.

미아리에서 내가 자주 장사를 하던 곳이 있다. 주변 상인들이 늘 반갑게 맞아주는 정겨운 곳이다.

여기서 종종 트럭 장사를 하는 친구가 하나 더 있었다. 이상한 것은 내가 장사를 할 때면 멀쩡한데, 그 친구만 가면 민원이 들어온다는 것이었다.

어느 날 그 지역을 담당하는 환경미화원 아저씨와 이야기를 나누다가 속사정을 알게 되었다.

"여기 가끔 오던 자네 또래 과일 장수 알지? 이제 영 못 와."

"그렇지 않아도 요즘 안 보이더라고요. 무슨 일이래요?"

"그 친구 오면 내가 민원 넣거든."

"에이, 왜 그러셨어요. 좀 봐주시지."

"아니야. 기본이 안 되어 있어. 그 친구 가고 나면 내가 아주 힘들어. 과일 껍질이 바닥에 붙어서 잘 떨어지지도 않는데 사방 천지야. 쓰레기도 아무 데나 버리고 말이야. 그냥 놔두면 내가 사무실 들어가서 깨진다고. 평점도 깎이고."

스스로를 뜨내기 장사치로 만드느냐, 건강한 이웃으로 만드느냐는 모두 나에게 달린 일이다.

수칙.4. 휴대전화 게임을 삭제하라

나는 가끔 팀원들의 휴대전화를 검사한다. '핸드폰에 게임을 깔지 않는다'는 규칙을 잘 지키는지 확인하기 위해서다. 게임을 좋아하는 친구들은 손님이 뜸할 때 게임의 유혹을 이기기가 힘들다. 처음에는 손님이 없으니까 게임을 하겠지만, 나중에는 게임을 하느라 손님을 못 보는 상황이 되고 만다. 그래서 사관학교에 입소할 때 게임을 모두 지우도록 하고, 전화도 꼭 필요한 경우에만 하도록 권고한다.

이 규칙이 정해지기 전, 30대 신혼인 성주 씨는 장사 도중에도 틈만 나면 게임을 하곤 했다. 길 가던 손님이 물건에 관심을 보이다가도 과일 장수가 핸드폰만 쳐다보고 있으니 그냥 발걸음을 옮긴 것이, 내가 본 것만 해도 몇 번이었다. 매출은 당연히 좋을 리가 없었다. 게다가 게임 아이템을 산다며 결제하는 금액도 만만치 않았다.

"감독님. 전 열심히 하는데 왜 이렇게 잘 안 될까요?"

하루는 성주가 이렇게 물었다.

"왜 그런지 모르겠어? 잘 알 텐데."

"정말 모르겠어요. 열심히 매일 나가는데……."

"열심히 길에 나간다고 열심히 장사를 하는 건 아니지. 넌 열심히 게임을 하던데?"

"에이, 사람 없을 때만 잠깐씩 해요."

내 물건을 사러 제 발로 오는 이들에게만 파는 것이 장사라고 여긴다면, 단단히 잘못된 생각이다. 나는 뭔가 따끔한 계기가 필요하다고 느꼈다.

"너, 장사 잘하고 싶지. 그래서 빨리 졸업하고 싶지?"

"그렇죠. 기왕이면 잘하고 싶죠.'

"그럼 지금부터 내가 하는 행동에 화내지 마라."

"네? 네……."

나는 성주의 손에 들려 있던 휴대전화를 들고 나가서 창고 앞에 흐르는 개천에 그대로 던져버렸다.

"이따 나랑 핸드폰가게 가서 폴더폰으로 하나 사자."

그날 희생된 휴대전화는 '신속한 매출 상승'이라는 보상을 성주에게 돌려주었다.

수칙 5. 확성기를 꺼라

보통의 과일 트럭에는 있고 과일촌 식구들의 트럭에는 없는 것이 하나 있다. 바로 확성기다. 장사꾼들 사이에 '앵무새'라고 부르는 확성기는 30초에서 1분 동안 녹음된 소리를 계속 반복한다.

하지만 성의 없이 반복되는 기계음은 손님들에게 별 감흥을 주지 못한다. 오히려 시끄러운 소음으로 치부되기 일쑤다. 그래서 나는 팀원들에게 확성기를 끄라고 말한다. 자기 목소리로, 자기 이야기를 담아서 소리 치라는 것이다.

장사꾼의 진짜 목소리는 정겹다. 그때그때 상황에 맞춰 달라지는 찰진 멘트는 맛깔스러워서 듣는 사람을 웃게 만든다. 말을 하는 것이 힘들고 어색하다고 장사하는 사람이 확성기에 의존해서는 안 된다. 그렇게 해서야 무인 판매대와 다를 바가 없다.

트럭 장사를 생각할 정도로 절실한 사람들에게 1톤 트럭 한 대는 큰 투자다. 이조차 마련하기 힘들어 주변에 부탁을 하는 경우가 많다. 대부분은 이미 신용불량자이고, 생활은 기울어질 대로 기울어진 상황에서 이곳을 찾아온다.

그렇게 전 재산을 건 도전이자, 인생의 큰 모험을 시작하는 이들. 트럭장사 사관학교는 그들에게 단순히 장사의 기술만을 가르쳐주는 곳이 아니다. 누구든 자기 인생에 기적을 만들 수 있다는 희망을 심어주는 동반자가 되길 원한다.

그들이 트럭장사 사관학교라는 작은 문턱을 넘어 더 큰 세상으로 가기를 마음으로 응원한다.

16

'뒤로 가는 장사'에서
'함께 가는 가게'로

악덕 거래처를 교사로 삼다

처음 트럭 장사를 시작했을 때, 나
는 좀 특이한 형태로 물건을 주는 곳과 거래를 했다. 그곳은 '할당
량'이 정해져 있었다. 물건이 좋든 나쁘든 하루에 일정한 양을 팔
아야 한다. 오늘 물건이 남아도 내일이 되면 정해진 양을 다시 공
급받아야 하는 구조다.

참외는 특성상, 처음 생산되는 시기부터 참외 시즌이 완전히 끝
날 때까지 소위 '열과'라 하는 B품이 꾸준히 나온다. 트럭 장사꾼
사이에는 이런 참외를 고봉참외라 한다. 정품은 10킬로그램이 한
박스인데, 고봉참외는 박스당 27~30킬로그램 정도가 나간다. 정
품의 세 배가량 되는 셈이다. 가격은 10킬로그램을 기준으로 했
을 때 확실히 저렴하다. 그래서 참외 값이 비쌀 때는 고봉참외가

상당히 유리하지만, 도매시장 가격이 폭락하면 가격 차이가 거의 없어진다는 단점도 있다.

그 물류창고와 처음 거래를 시작했는데 기존의 사용자 20여 명이 모두 불만이 가득했다.

"이건 아니지 않아? 무슨 공산당도 아니고 강매를 해. 거기다 다른 곳보다 여기가 더 비싸. 물건이 좋지도 않고. 이래서는 돈 벌기는커녕 돈만 까먹을 것 같다. 난 여기서 나갈 거야."

하나둘 발길을 끊는 모습을 보며 나도 고민이 많았다. 일단 알아보고 결정하자 싶어 성주에 내려가서 물건을 직접 보고 가격을 따져보니, 운임을 포함한다 해도 차이가 꽤 났다. 그때 내린 결론은 '그래도 1년은 버티자. 그래야 뭐라도 배우지'였다. 그때부터는 옆에서 남들이 아무리 한마디씩 거들어도 못 들은 척 버텼다.

"배 감독은 파는 양도 많아서 어딜 가나 환영일 텐데, 여기서 뭐하러 이런 대접을 받고 있어? 바보도 아니고."

하지만 당시 내게 필요한 것은 무엇보다 '절박함'이었다. 이렇게 강매를 통해서라도 누군가가 물건을 하루 얼마씩 팔라고 압박을 해준다면 나태해질 틈이 없을 것 같았다. 그것만으로도 내게는 수업료를 낼 가치가 있었다. 그리고 지금도 그 결정을 후회하지 않는다.

사람이 다급해지니 어디서 그런 깡다구가 나오는지 신기할 정도로 힘이 솟았다. 어디서든, 어떻게 해서든 트럭을 대고 장사를 했고, 물건이 많이 남으면 팔릴 만한 장소를 기어코 찾아냈다. 장사꾼 입장에서 팔릴 만한 곳이 아니라 고객 입장에서 살 이유가 있는 곳을 찾아야 한다는 것. 그것이 트럭 장사의 장점이라는 것도 그때 깨달았다.

그렇게 1년 즈음 지났을 때는 장사꾼으로서 키가 스스로도 놀랄 만큼 큰 폭으로 자라 있었다. 그 경험은 현재 물류센터를 운영하는 데도 큰 도움이 되고 있다.

현재 국가대표 과일촌의 물류센터는 완전한 자율 발주 시스템을 따른다. 모든 결정은 개인이 자율적으로 내리며 회사는 유통과 교육만 담당한다. 수익은 당연히 트럭 장사를 직접 하는 분들이 모두 가져간다. 우리 회사에서 트럭 장사꾼은 엄연한 개인사업자이다. 이렇게 자율을 중시하는 것은, 내가 겪었던 강매 시스템을 철저한 반면교사로 삼은 결과이기도 하다.

산지까지 트럭을 몰고 가는 이유

지금은 과일촌의 공급 물량을 확보하는 것도 보통 일이 아니다. 참외 시즌이 시작되면 트럭 한 대가 최소 50박스에서 100박스를 팔다 보니 전체적으로 양이 상당하다. 좋은 물건을 확보하기 위해 지금도 나는 직접 대형 트럭을 몰고 산지를 돌아다니며 구매한다.

개인 농가는 양이 맞질 않아 거래가 힘들고 작목반 위주로 돌아다니거나, 아니면 아예 지방 산지의 공판장을 들어간다. 참외만 해도 성주에 세 군데의 공판장이 있어 토요일을 제외하면 매일

같이 수천 박스의 참외가 거래된다. 도매시장과는 또 다른 엄청난 광경이다.

주기적으로 품목을 바꾸어주는 것도 중요하다. 과일이라는 게 저마다 제철이 있어서 그때그때 맛있는 과일, 손님들이 찾는 과일을 재빨리 확보하고 적절히 교체하는 것이 나의 할 일이다. 때로는 과일이 아닌 피꼬막이나 갈치가 될 때도 있고, 발열내의를 신기도 한다.

어느 해에는 피꼬막이 잘 팔려서 물량 확보를 위해 산지에 내려갔더니 이미 한발 늦었다는 답이 돌아왔다. 물량이 딸려서 공급이 힘들다는 것이다.

"사장님, 좀 빨리 얘기하셨으면 물량을 맞춰드렸을 건데 지금은 더 이상 작업량을 늘리기 힘들어요."

"제가 그래도 여기까지 내려왔는데 성과가 있어야 하지 않겠어요. 아니면 다른 곳이라도 소개 좀 부탁합니다."

"그런데 구매 담당이세요?"

"명함 보면 아시잖아요. 대표입니다."

"지금까지 이 일 하면서 이렇게 직접 오시는 분은 처음이라서요. 다들 전화로 하시는데……."

피꼬막 업체 사장님은 고개를 끄덕이며 이렇게 호언했다.

"다는 못 맞춰드려도 어떻게든 해볼게요. 일단 내일부터 되는 대로 올려보내겠습니다."

사장님은 그렇게 급한 불을 꺼주었을 뿐 아니라, 이후에 어장을 추가로 확보해서 물량을 제대로 맞추어주었다.

전화로만 알아보면 상대편도 "물건 없습니다." 한마디로 끊어 버리지만, 직접 발품을 팔면 멀리 서울에서 내려온 정성을 보아서라도 신경을 더 써주게 마련이다. 더 많은 생산자와 접촉하고 더 많은 도움을 받게 되는 것은 물론이다.

그것이 내가 아직까지도 트럭이라는 최고의 발을 놓지 않는 중요한 이유다.

세 곳으로 늘어난 물류센터

제1물류센터를 운영하면서 사관학교 식구들이 워낙 눈에 띄는 판매를 보이다 보니 다른 장사꾼들 사이에 관심이 집중되었다. 게다가 물류센터가 큰길가에 위치해 사람들이 아무렇게나 구경을 하러 왔다. 지나던 트럭 장사꾼들이 기웃거리며 "여기가 방송에 나온 거기죠? 구경 좀 하러 왔습니다." 하고 불쑥 들어서는가 하면, 삼삼오오 서서는 팔짱을 끼고 자기들끼리 숙덕거리리며 웃기도 했다.

하루하루 열심히 전쟁을 치르는 식구들에게 미안했고 불쾌한 감정마저 들었다. 우리의 노하우를 아무렇게나 공개하는 것도 싫었다. 그래서 한적한 곳에 제2물류센터를 임대했다. 마침 방송이나 소문을 접하고 농수산물 공급을 요청하는 분들의 문의가 계속되던 터라, 한 곳은 사관학교 식구가 아닌 일반 트럭 장사들도 오갈 수 있는 창고로 운용 중이다.

또한 일반 중형 마트나 과일가게에서도 납품을 요청하는 분들이 늘어나 현재는 모두 세 곳의 물류센터를 운영하고 있다. 이렇게 각 센터를 구분하는 이유는 서로 간에 불필요한 소모전이 벌어지는 것을 막기 위해서다.

나로서는 가장 애착이 큰 곳을 꼽자면 단연 사관학교다. 이분들이 일반 트럭 장사꾼들과 어울리면서 해이해지지 않도록 하려면 울타리가 필요했다. 개인 매장 운영자들과 일반 트럭 장사꾼들 사이에도 선을 긋는 것이 편하다. 하나의 창고를 사용할 경우 출입 시간이 맞물려 번잡스러워지기도 하고, 물건을 놓고 신경전을 벌이기도 하기 때문이다.

물류센터가 하나씩 늘어나고 사업이 확장될 때마다 내가 특별히 경계하는 것이 있다. 바로 '욕심'이다. 내가 처음 트럭장사 사관학교를 시작했을 때의 마음, 철도 앞에서 내게 마지막 전화를 걸었던 오 사장님의 마음을 늘 새롭게 떠올리고 들여다본다. '함께 성장하는 곳'을 만들자는 초심에서 물류센터의 운영권과 수익도 모두 센터장으로 있는 책임자 분들에게 일임하고 있다.

졸업이 두려운 이들

"이제 트럭 장사 졸업하셔야죠."

"저도 그러고 싶은데 다시 잘못될까 봐 용기가 나질 않네요. 여기까지 어렵사리 간신히 왔는데 또⋯⋯."

"트럭 장사 다음에 뭘 해볼까 혹시 생각해보셨어요?"

"아직이요. 사실 가장 두려운 게 뭔가를 다시 시작하는 겁니다. 또다시 처음으로 돌아갈 엄두가 안 나요."

　트럭장사 사관학교에서 열심히 노력해 빚을 갚고, 돈도 꽤 모은 분들이 많다. 그런데 그분들은 다음 스텝으로 무엇을 택해야 할지 몰라 망설이는 경우가 대부분이었다.
　내가 생각하기에 트럭 장사는 어느 정도 시간이 흐른 다음부터는 '뒤로 가는' 장사다. 짧은 기간 안에 밑천을 마련해서 그만두지 않으면 그때부터는 제자리걸음을 하다가 어느 순간 뒤로뒤로 밀리기 시작한다. 트럭 장사를 오래도록 하고 있다는 것은 그간 수익이 내내 별로였다는 뜻이기도 하다.
　트럭 장사는 시간이 지날수록 길에 나가는 것이 점점 힘들어진다. 매일같이 자리싸움을 하고 단속반에 쫓기는 것도 진절머리가 난다. 그러니 점점 편한 자리를 찾게 된다. 주변 상인들과 얼굴 붉히지 않는 자리, 단속도 잘 오지 않는 자리. 이런 자리는 몸과 마음은 편하지만 매출은 형편없는 곳이 대부분이다. 어쩌다 그래도 좀 낫다 싶은 자리를 발견하면 아예 눌러앉아 버린다. 최선을 다하는 하루하루가 아니라, 그저 장사를 나가는 데 의미를 둔다고 해도 과언이 아니다.
　그래서 나는 트럭 장사의 유효 기간이 3년이라고 말한다. 그 3년 안에 자신의 목표를 위한 디딤돌을 만들지 못하면 이후로는 거의 불가능해진다.

간신히 빚에서 벗어났지만, 새로 무언가를 시도했다가 또다시 빚의 족쇄를 찰까 봐 망설이는 분들을 보며 고민했다. 그 결과, 국가대표 트럭 장사꾼의 다음 스텝으로 마련한 것이 과일가게다.

칼바람이 부는 추위도, 무섭게 쏟아지는 소낙비도 함께 맞은 과일촌 식구들과 함께라면 무엇이든 할 수 있으리라는 생각에서 시작한 일이었다.

"저, 대표 아니고 배 감독입니다"

가게를 운영할 가장 합리적인 방법은 무엇일까 생각한 끝에, 일단 보증금이나 권리금의 부담을 본사가 지기로 했다. 현재 점포는 모두 여섯 곳이다. 이 여섯 곳의 매장을 운영하면서 문제점을 찾는 데만 꼬박 3년의 시간을 소요했다. 그 과정에서 개인적인 손실을 입기도 했지만, 나중에 불거질 수 있는 문제를 미리 경험하고 안전장치를 설치할 수 있었다.

현재 오프라인 매장은 본사가 전액을 투자하여 가게를 계약하고, 운영과 수익에 관한 권한은 점주에게 일임하고 있다. 물론 교육이나 물건 공급만 본사가 담당하고, 개인이 알아서 점포를 개설하도록 하는 방법도 있다. 그러면 많은 가게를 한 번에 오픈할 수 있어 규모가 커지겠지만 자칫하면 점포 수만 늘리는 프랜차이즈 형식이 될 듯했다. 만약 가게가 잘못되기라도 하면 '내가 저 인간 만나서 이렇게 되었다'라는 원망을 들을지도 모를 일이다. 그래서 느리더라도 방향에 초점을 맞추었다.

본사는 큰 욕심을 내려놓고 산지 대량 구매로 경쟁력 있는 물건을 저렴하게 확보하여 공급해주고, 오직 농산물 유통 부분에서만 차익을 보도록 하고 있다. 이후 매장이 충분히 안정되고 수익이 궤도에 오르면, 점주가 본인의 의사에 따라 가게를 인수할 수 있다. 이때 회사는 가게에 들어간 초기 비용을 회수한다.

물론 사관학교의 모든 분들이 과일가게를 지원할 수 있는 것은 아니다. 트럭 장사를 1년 이상 제대로 한 사람에게만 기회가 주어진다. 이런 검증 절차가 없다면 자신이 짊어질 리스크가 없으니 안일하게 생각할 수도 있다. 해보겠다고 나서는 사람이야 많겠지만 쉽게 포기하는 경우도 속출할 것이다. 수익이 성에 차지 않으면 어느 날 갑자기 "장사 못하겠습니다", "다른 자리로 교체해주세요"라고 나올 수도 있다.

가게를 얻는 데 들어가는 비용이 만만치 않다 보니 투자자를 찾아 나서기도 한다. 투자 금액 대비 일정 퍼센트를 매월 이자로 지급하는 방식이다. 투자자에게는 가게의 계약서를 담보로 최대한 안전을 보장한다.

가게를 오픈할 때는 지출을 최대한 줄이기 위해 다양한 방법을 강구한다. 진열대를 설치할 때도 내가 직접 원형 톱과 공구를 들고 가서 작업하곤 한다. 구매의 경우 가락시장과 강서시장, 부평 삼산 농산물시장, 인천 구월동 농산물시장을 이용하거나 산지에서 직접 물건을 올린다. 트럭을 끌고 직접 산지를 다닌 끝에 한 달에 1,000만 원 이상 나가던 물류비를 3분의 2 수준으로 줄일 수 있었다.

산지를 돌고 오면 밤 12시가 되는 날이 허다하다. 장시간 운전을 해서 피곤하지만, 내가 세운 원칙 중 하나인 '눈으로 보고, 만져보고, 먹어보고 구매한다'는 것이 얼마나 중요한지를 잘 알기에 멈출 수 없다. 게다가 내가 고른 물건이 장사하는 이들의 자존심과 직결된다고 생각하면 더욱 신중해진다.

새벽에 산지에서 도착하는 농수산물을 하역하는 일도 내 몫이다. 인건비를 조금이라도 절약하기 위해서다.

내가 지게차에 올라 박스 짐을 내리고, 큰 트럭을 몰고서 산지 곳곳을 찾아가는 모습을 보며 간혹 놀라는 사람들도 있다.

"직원들 시키지, 대표님이 왜 직접 하세요."

그러면 나는 당연하다는 듯이 웃으며 말한다.

"명함만 그렇지 저 대표 아닙니다. 배 감독이지."

앞으로도 변함없이 나는 트럭 모는 배 감독, 식구들을 위해 발로 뛰는 배 감독일 것이다.

CHAPTER
5

트럭 모는 CEO,
오늘도 달린다

17

강연하는
트럭 장사꾼

회장님의 특별 지시

　　첫 번째 책을 출간하고서 내게 일어난 가장 큰 변화 중 하나는 '강연하는 트럭 장사꾼'이 된 것이다. 서울의 유명 대학에서 특강을 하기도 하고, 방송국이나 국회의사당, 국방부, 대기업, 소상공인이나 농민 모임에서도 나를 강사로 불러주곤 한다.

　　한번은 텔레비전의 어느 프로그램에서 내 이야기를 재연 드라마로 엮어 방송한 적이 있다. 그 방송 직후, 모 기업의 회장 비서실에서 전화가 왔다.

　　"이번에 저희 회사 우수사원 시상식이 있는데, 회장님께서 배선생님을 꼭 좀 모시고 싶다고 하셨습니다."

　　"제가 그런 자리에서 할 이야기가 있을까요. 저는 그저 트럭 과일 장수인데요."

"아닙니다. 회장님께서 전 계열사 직원들이 모두 돌아가며 배 선생님 이야기를 들어야 한다고 하셨습니다. 꼭 특강 일정을 잡으라고 분부하셨어요."

그렇게 나는 트럭 장사꾼으로서 첫 강연을 하게 되었다. 지금 까지 트럭장사 사관학교에서 하는 교육 이외에는 강연을 해본 적이 없었기에, 처음에는 막막하기만 했다. 몇 주 동안 유명한 강사들의 동영상을 인터넷으로 찾아보며 몸동작은 어떻게 하는지, 청중과 호흡은 어떻게 맞춰야 하는지를 연구했다. 책도 사서 읽어보고, 무엇보다 내 이름으로 펴낸《국가대표 트럭장사꾼》책을 다시 읽으며 청중들과 어떤 부분을 나눌지 고민했다.

첫 강연 날. 나는 장사꾼이 되고 싶어 무작정 야채가게를 찾았던 시절부터, 트럭 장사꾼으로서 겪었던 고비, 그리고 현재의 나를 만든 노력과 집념에 관해 이야기를 풀어냈다. 내 이야기를 들으며 눈물을 훔치는 분들도 있었고, 내가 장사하는 시범을 보일 때는 큰소리로 웃음이 터져나오기도 했다.

이후 나는 이 회사의 연수원을 순회하면서 차례로 강연을 했고, 회장님의 지시대로 회사의 모든 계열사 우수사원, 지점장, 국장급들에게 내 강의는 필수 코스가 되었다.

지금은 의뢰가 들어오는 특강을 모두 소화할 수 없어, 한 달에 횟수를 제한하여 강의를 나가곤 한다. 특히 실의에 빠진 분들에게 내 이야기가 희망의 불씨가 될 수 있는 자리라면 가급적 시간을 내고자 한다.

아무도 기회라고 말하지 않았던 기회

"여러분, 내 인생에서 기회가 지나갔다고 생각하시는 분들 손들어 보세요. 그럼, 기회는 앞으로 올 것이라고 생각하시는 분들, 손들어 보세요. 마지막으로 기회는 지금 내 곁에 있다는 분. 손을 들어주세요."

언젠가 강연을 시작하면서 나는 이렇게 세 번의 질문으로 말문을 열었다.

내 주변 사람들과 어른들은 대부분 이렇게 말했다. "기회는 흔치 않아", "인생에서 기회는 딱 세 번 오는 거야". 대기업을 퇴직할 때 부모님은 헛바람이 들었다고 나무라셨고, 장사로 아주 호된 맛을 보았을 때 나 역시도 "바보같이 인생에서 그 좋은 기회를 날리고 이게 무슨 꼴이야. 그냥 직장에 가만히 있을걸"이라며 스스로를 원망을 했다.

그 누구도 트럭 장사를 기회라고 말한 사람은 없었다.

나조차도 트럭 장사가 기회가 아닌, 그저 살기 위한 선택이었다. 하지만 지금 돌이켜 보니 기회라는 녀석은 항상 내 옆에 있었다. 다만 내가 그것을 간파할 눈이 없었을 뿐이다. 길거리 노숙자가 될 뻔했던 6년 전. 모든 것을 잃었다고 생각했을 때 기회의 씨앗은 내 옆에 조용히 내려앉았다.

나는 실패를 맛보는 그 쓴 자리가 끝이 아님을, 새로운 시작임을 사람들에게 분명히 증언하고 같이 아픔을 나누고 싶다.

진짜 세상은 꽃이 진 다음부터

B모 기업의 임원 분들 앞에서 강연을 할 때의 일이다. 이 회사는 국내 굴지의 대기업인 데다가, 이곳 분들이 워낙에 자부심이 강하다는 사실을 익히 들어서 알고 있었다. 생각 끝에, 무거운 주제보다는 크게 부담스럽지 않은 이야기를 나누기로 했다. 그래서 선택한 주제가 '인생을 망치는 습관'이었다.

그런데 강의 날, 연단에서 이야기를 하는데 중간쯤 앉아 있는 한 분이 자꾸 신경 쓰였다.

계속해서 볼펜으로 딸깍딸깍 소리를 내는 것도 거슬렸고 비스듬히 앉아서 나를 치켜 보는 표정이, 심하게 표현하자면 '과일 장수 주제에'라고 말하는 듯했다.

참다 못한 나는 불쑥 그분을 지목해서 질문을 했다.

"가운데 줄무늬 넥타이를 하신 선생님. 죄송하지만 질문 하나 드려도 될까요?"

자신을 가리킨다는 것을 깨닫고 그는 비스듬했던 몸을 일으켰다.

"선생님은 이곳에서 직책이 어떻게 되십니까?"

마치 기다렸다는 듯 "000부 부장입니다"라는 대답이 돌아왔다.

"회사에서 굉장히 중요한 업무를 하시고, 또 가장 핵심적인 직책을 맡고 계시네요. 그런데 제 말이 좀 건방지게 들릴지는 모르지만 한 가지 짚고 넘어가자면, OOO부 부장이라는 직책은 회사에서나 통하는 직책일 겁니다. 회사가 부장님을 만들어주었다고 해도 과언은 아니겠죠. 회사에 있을 때나 부장, 과장, 이사님이지 나가시면 아무것도 아닙니다. 제가 대기업에 근무할 때도 마찬가지였습니다. 회사에서나 그 가치를 인정받지 간판을 떼고 나가면 아무도 알아주지 않더라고요. 퇴사 후에는 흔한 말로 계급장 떼고 세상과 붙게 마련입니다.

선생님은 지금 꽃입니다. 그래서 많은 사람들이 선생님께 찾아오고 좋은 말을 해줄 겁니다. 하지만 진짜 세상 사는 것은 그 꽃이 떨어진 후부터입니다. 열매는 꽃이 떨어진 다음에야 맺히는 법이니까요.

선생님, 제가 여기 온 것은 회사에서 이 자리를 만들어주었기 때문입니다. 선생님을 만들어준 바로 그 회사죠. 지금 저는 과일 장수 배 감독이 아닌, 회사의 초청을 받고 온 강사입니다. 과일 장수라도 무언가 들어야 할 말이 있으니 불러준 게 아닐까요?

참고로 저는 강연료가 결코 싸지 않습니다. 제 두 시간 강연료가 선생님의 한 달 수입 절반 정도에 해당합니다. 무례했다면 죄송합니다."

강연이 끝난 후 문을 열고 나서는데 어떤 분이 다가왔다. 바로 회사의 대표님이었다. 점심 식사할 시간을 잠시 내어달라는 부탁을 받고 근사한 일식당에서 난생처음 코스 요리를 먹어보았다.

"배 감독님. 강연 중에 정말 제가 하고 싶은 말을 다 해주셔서 감사합니다. 그냥 보내드리기에는 너무 아쉬워서 바쁘실 텐데 이렇게 자리를 만들었습니다. 그 자리에 온 사람들 모두가 그 근거 없는 자신감을 내려놓아야 하는데 아직 권위의식에 사로잡혀 있거든요. 마침 따끔한 한마디를 해주셔서 참 감사했습니다."

그날 연단에서는 물론이었고, 지금도 나는 내 직업에 부끄러움이 없다. 트럭을 몰던 가장 힘들었던 날에도 간절함, 혹은 절망은 있었을지언정 스스로 부끄러웠던 적은 없다.

내가 서 있는 자리를 치열하게 고민하는 사람들, 멈추지 않고 더 나아가려 땀 흘리는 이들에게 세상은 하나의 커다란 무대일 뿐이다.

1톤 트럭, 발레파킹 부탁합니다

지금도 난 승용차가 없다. 1톤 트럭이 내 자가용이자, 유일한 이동 수단이다. 회사에 3.5톤 트럭을 비롯해 덩치 큰 트럭들도 있지만, 작은 짐들은 여전히 내 트럭을 이용해 운반한다.

기업 강연을 인연으로, 가끔씩 대표님들과 식사 약속을 한다. 주로 그룹의 본사 건물이나 호텔, 또는 고급 식당을 약속 장소로 정하는데 그럴 때도 어김없이 1톤 트럭을 몰고 간다.

그날도 어느 대기업의 본사 건물에서 대표님과 점심을 먹기로 한 날이었다. 약속 시간은 다 되어가는데 회사 입구에서 작은 문제가 발생했다. 지하 주차장은 너무 낮아 트럭이 진입할 수 없고, 1층에 있는 지상 주차장은 임원 이상 분들만 이용이 가능하다는 것이었다. 작업 차량들은 지정된 곳에 주차를 해야 하는데 트럭이 주차할 만한 곳은 이미 꽉 차 있으니 그냥 기다리라는 것이 안내원의 설명이었다.

시내 중심가에 트럭을 주차할 곳이 달리 떠오르지 않아 난감해하던 차에, 다행히 비서실에서 전화가 걸려왔다. 상황을 설명했더니 잠시 후 대표님이 바로 주차장으로 나오셨다.

"아니, 이렇게 자리가 많이 비었는데 주차를 왜 못하게 하나. 여기 관리하는 분 좀 오시라고 해요."

불려온 주차장 관리자는 당황한 기색이 역력했다.

"앞으로는 회사 1층 주차장이 비면 내방하신 분 먼저 주차하라고 하세요. 만약에 임원 자리면, 차 키를 받아서 보관했다가 나중에 빼주면 되잖습니까."

이렇게 한소리를 한 뒤 대표님은 나를 향해 말했다.

"배 감독님. 오늘은 나도 이 트럭 좀 태워주시죠. 제가 예전에 배추 장사했던 거 아시죠. 오랜만에 예전 기분 좀 냅시다. 이 트럭 타고 좋은 데 식사하러 가시죠. 내 차는 대기시키라 하세요. 나 혼자 다녀올 테니."

그날 이후에도 나는 어느 곳이든 1톤 트럭과 함께한다. 호텔 관리인이 다가오기라도 하면 당당하게 얘기한다.

"발레파킹 부탁드립니다!"

비 오는 날의 장사 체험

국내 1위 요식업체인 C기업의 점장 후보자 교육 과정에 참여했을 때였다. 당시 '국가대표 트럭 장사꾼 배 감독에게 배운다'라는 제목의 교육 과정이 신설되어, 내가 아침 8시부터 오후 5시까지 프로그램 진행 전체를 맡았다.

오전의 교육 시간에 이어 오후부터는 '장사 체험' 시간을 마련했다. 각 팀이 귤을 들고 길에 나가 직접 판매를 하도록 했는데, 내심 걱정이 되었다. 매장에서만 근무했던 분들이라 길에서 무작정 귤을 파는 일이 어색하고 민망할 터였다. 게다가 마침 가느다란 빗줄기까지 부슬부슬 내리기 시작해 우려는 한층 깊어졌다.

결과는 팀마다 달랐다. 어떤 팀은 판매 한 시간 만에 완판을 했는가 하면, 어떤 팀은 단속에 계속 걸려서 마감 시간이 다 되어가는데도 귤이 그대로였다. 그런데 놀라운 점은, 이미 임무를 완수한 팀들이 들어가서 휴식을 취하는 것이 아니라 너나 할 것 없이 다른 팀에 합류해 거들고 나섰다는 것이다.

시간이 흐를수록 기발할 홍보 전략이 동원되었다. '귤 +꿀 =꿀'이라고 적은 광고판을 만들기도 했고, 귤을 코에 붙이거나 귤에 그림을 그리는 방법도 등장했다. 그렇게 모두가 적극적으로 장사에 나선 끝에 결국 모든 팀이 완판을 할 수 있었다.

뭘 어떻게 가르쳐야 할 것인가만 생각하고 갔다가, 초보 장사꾼들에게서 거꾸로 새로운 자극을 얻은 시간이었다.

18

특급 과일과 못난이 과일이
한곳에

아빠의 마음으로 만든 온라인 매장

7년 전, 강남에서 과일가게를 운영하던 당시 처음으로 인터넷 까페 '국가대표 과일촌'을 만들었고 소소하게 온라인 판매도 시도했다. 그 까페가 어느덧 회원 수 1만 명이 넘는 온라인 매장으로 성장했다.

국가대표 과일촌은 '가족에게 좋은 것만 주고 싶은 아빠의 마음'을 모토로 한다. 대한민국에서 가장 뛰어난 농수산물을 엄선해 판매하고 싶다는 욕심이 이 온라인 매장의 시작이었다.

대저토마토, 골드키위만 하더라도 지방에서 파는 것과 서울 강남에서 파는 것은 맛의 차이가 크다. 품질이 상위권에 속하는 과일들은 거의 다 가락시장을 통해 입고가 된다고 해도 과언이 아니다. 대저토마토 5킬로그램짜리 한 박스가 5만~6만 원이 넘는 경매가에 낙찰되는 곳은 가락시장이 유일하다. 여름철 수박 한 통이 3만 원을 넘는 곳도 아마 가락시장뿐일 것이다. 그만큼 맛이 특수하기 때문에 그런 경매 가격이 나오는 것이다. 그리고 그런 과일들을 소비할 수 있는 곳이 서울에 몰려 있다 보니 자연히 쏠림 현상이 일어난다. 다시 말하자면, 다른 지역의 소비자들은 그 특별한 과일을 맛볼 기회가 적다는 이야기가 된다.

나는 상위 1퍼센트의 과일을 지역에 상관없이, 원하는 모든 이들이 언제든 구입할 수 있게끔 하고 싶었고 그 매개체가 바로 국가대표 과일촌이었다. 실제로 국가대표 과일촌을 애용하는 오랜 단골들은 대부분 서울 이외의 지역 분들이다. 우리 온라인 매장에 우연히 들러서 주문을 했다가 대저토마토의 매력을 실감했다는 사람, '귤이라고 다 같은 귤이 아니다'라는 사실을 알게 되었다는 분들도 있다. 어떤 고객들은 외국으로 이민을 간 후에도, 한국에 있는 친정 식구나 시댁에 선물하기 위해 꾸준히 국가대표 과일촌을 찾기도 한다.

과일을 기계가 먹나? 사람이 먹지

과일촌의 모든 과일이 마찬가지지만, 온라인에서 취급하는 과일 역시 내가 직접 맛을 보고 품질을 확인하지 않으면 판매하지 않는다. 그래서 나는 지금도 새벽 2시에 도매시장을 찾는다. 직접 맛을 보고 구매하기 위해서다.

가끔 나를 잘 알지 못하는 도매상회 직원들은 기계가 측정한 과일의 당도를 자랑하는데, 그럴 때면 어김없이 내 핀잔이 날아든다.

"과일을 기계가 먹나? 사람이 먹지. 사람이 먹어서 맛있어야지 기계가 먹어서 맛있으면 그게 무슨 소용이야."

가끔 애매한 과일들도 있다. 맛이 있는 것 같기도 하고, 싱거운 듯도 하다. 이럴 때는 절대로 구매를 하지 않는다. 예약 주문이 밀려 있더라도 차라리 고객들에게 환불해주는 쪽을 택한다. 그러다 보니 많은 품목을 이것저것 팔지 못하고, 딱 제철인 과일을 그때그때 한정적으로 취급한다. 미리 예약을 받고 물건을 확보한 후 발송하는 시스템이기 때문에, 일찌감치 주문한 분들은 오래 기다려야 하는 불편함도 있다.

어쩔 때는 가락시장 내에 어마어마하게 들어온 귤들 중 내 마음에 차는 것이 고작 열 박스 남짓일 때도 있다. 그럼 더 욕심을 부리지 않고 딱 열 박스만 발송한다. 내 고집을 이해하고 기다림을 당연히 여겨주시는 단골 회원들께 감사할 따름이다.

어촌 부부의 꿈

전남 장흥에 내려갔을 때였다. 김과 건어물 양식을 하는 한 젊은 부부를 만났는데, 반찬 삼아 산 건어물과 김이 너무 맛있었다. 부부는 직접 배를 띄우고, 잡고, 말리고, 판매하는 고된 과정을 모두 묵묵히 해내고 있었다.

내가 새우며 김, 다시마 등을 구입해서 판매해보고 싶다고 제안했을 때, 두 사람은 반가워하면서도 한편으로는 우려하는 모습도 보였다. 워낙에 온라인 업체들이 결제가 깔끔하지 못하다는 평이 자자한지라 망설이는 듯했다.

온라인 업체들은 대부분 판매 후에 결제를 진행하기 때문에, 어민이나 농민들은 제품을 실컷 공급해주고도 돈을 제대로 못 받는 일이 비일비재하다. 그런 문제를 잘 알고 있기 때문에 나는 물품 인수 직후 결제를 완료하는 것을 원칙으로 한다. 농사짓고 배를 타는 고된 일 후에 그분들이 수금까지 걱정하도록 만들고 싶지는 않다.

현재 국가대표 과일촌에서 판매하는 김과 새우, 다시마 등의 건어물은 모두 그런 과정을 거친 제품들이다. 보통의 온라인 업체와는 다르다는 이유로, 농촌이나 어촌의 생산자 분들도 특별히 더 좋은 제품을 공급해주려 신경을 쓴다.

서로를 위함으로써 더 좋은 결과를 끌어내는 것. 진정한 윈윈 전략이 아닐까 한다.

망할 망 자에 고생 고, 망고

물품 인수 뒤 곧바로 결제를 완료한다는 것이 거래처들로서는 더할 나위 없이 좋은 조건이지만, 때로는 이를 악용하는 사람들도 있다.

과일 중에서도 망고는 참 까다로운 녀석이다. 후숙 과일이기 때문에 한국에 막 들어올 때는 잘라보면 하나같이 좋아 보인다. 정품과 비품의 차이는 후숙이 된 후에 비로소 드러난다. 산지의 생산자들은 이를 구분할 수 있기 때문에, 처음부터 선별하여 자신들만 아는 표시를 하고 따로 출고한다.

한번은 2,000박스가 넘는 망고를 주문한 적이 있다. 잘라보니 이상이 없어 공급을 했고, 물론 결제도 마무리를 했다. 그런데 며칠 뒤 문제가 발생했다. 망고가 후숙이 되면서 과육 부분이 검게 변하기 시작한 것이다. 현지에서 작업을 하는 전문가들은 분명 알고 있었을 텐데, 이런 망고를 정품 가격에 넘긴 것이다.

수입업체를 찾아갔으나 뻔뻔스럽게도 자신이 공급한 망고는 아무 이상이 없다며 환불이나 교환을 거부했다. 결국 그 손실을 우리가 고스란히 떠안아야 했다. 그 후로 이 업체와 거래를 끊은 것은 당연한 일이다. 그리고 그런 비양심적인 행동이 업계에 소문이 났는지, 얼마 후 이 업체는 소리 소문 없이 사라지고 말았다.

장사라는 것이 쓸개를 팔지언정 양심을 팔아선 안 되는 일이다. 그 결과가 너무도 정직하고 선명하게 나에게로 되돌아오는 것이 바로 장사다.

나는 지금도 망고를 보면 이렇게 말한다.

"망고가 왜 망고인 줄 알아? 망할 망 자에 고생 고. 그래서 망고야."

그때의 안 좋은 추억 덕분에 지금도 망고는 특별 관리 대상으로 다루고 있다.

흠집 사과, 우박자두 모두 모여라

농민들에게 과일은 예쁜 것도, 못난 것도 다 땀과 눈물의 결실이다. '열 손가락 깨물어 안 아픈 자식 없다'는 속담이 농작물을 기른 농부의 심정에도 충분히 들어맞는다.

산지에서는 뜻하지 않은 재해로 정품이 아닌 못난이 과일, 흠집 과일이 나올 수밖에 없다. 한 나무에서도 어떤 열매는 1등급인데, 어떤 것은 여기저기 흠을 달고 있기도 하다. 이런 열과들은 때로 말도 안 되는 가격에 넘겨야 하는 상황이 벌어진다. 맛은 정품과 다르지 않은데, 단지 삐뚤빼뚤 못났다는 이유 때문이다.

그래서 국가대표 과일촌 카페에서는 맛이 보장된다는 조건으로 못난이 과일도 팔아보기로 마음을 먹었다. 소비자는 저렴한 가격으로 맛있는 과일을 먹을 수 있고, 농민 분들은 헐값에 넘기는 것보다 한참 이득이니 서로에게 좋은 일이라 판단했다.

판매 결과는 기대보다도 훨씬 좋았다.

"이렇게 맛있는 사과를 이 가격에 사다니, 정말 횡재한 기분이네요."

"어디가 흠집 사과예요? 내 눈에는 마트에서 파는 거랑 별반 다르지 않은데."

회원들 중에는 비싼 과일보다도 이렇게 저렴하면서 맛이 좋은 과일을 기다리는 분들도 많다. 만약 내가 도매시장만 다녔더라면 이런 과일을 발견하지 못했을 것이다. 지속적으로 산지에 내려가다 보니 이런 못난이 과일을 확보할 기회를 종종 얻는다. 일례로 우박을 맞은 '우박자두'라는 것이 있다. 전량을 소화해줄 수 있는 곳에만 판매를 하는데, 의성 군에서 나온 우박자두 전량을 반값에 매입해 소비자들에게 좋은 가격으로 소개할 수 있었다.

유통의 최일선에서 최고의 장사꾼이 되는 것.

A급이든, 못난이든 대한민국의 모든 농수산물을 아우르는 것.

내 꿈의 한 부분이다.

19

함께 항해할
더 큰 배를 만들다

새벽 4시의 알람이 즐거운 이유

지금도 내 알람은 새벽 4시면 어김없이 울린다. 도매시장을 가는 날이면 새벽 1시나 2시에도 시끄러운 소리로 하루의 시작을 재촉한다.

그렇다고 남들처럼 여유로운 아침을 보내고, 가족들과 훌쩍 여행도 떠날 수 있는 삶을 부러워하지는 않는다. 다만 아내와 두 딸에게 미안할 뿐이다. 그 미안함을 보상하려 나는 더 열심히 달린다. 새벽의 도매시장이 선사하는 활기와 설렘에 새삼 전염되고 나면, 하루를 시작할 새로운 의욕이 솟는다.

밤을 낮처럼 사용하는 장사꾼. 조금이라도 더 좋은 과일을 찾아 신발이 닳도록 뛰어다니는 내가 좋다. 이렇게 매 순간 살아 있는 스스로를 오늘도 응원한다.

내 지갑 속에는 나의 꿈이 담겨 있다. 천 원짜리 지폐만 한 종이 쪽지에 앞으로 1년 뒤, 5년 뒤 이루고 싶은 나의 목표들이 적혀 있다. 지칠 때나 나태함이 슬그머니 다가올 때 그 글귀들을 꺼내어 읽는다.

물류센터 세 곳의 운영자인 나는 지금도 일주일에 한 번 정도는 트럭 장사를 나간다. 장사만 16년째건만, 신기하게도 트럭 장사를 나가는 날이면 조금은 두렵고 또 잠깐은 망설여지기도 한다. 그래서 더욱더 트럭에 오른다. 오전이 바쁘면 오후에라도, 오후까지 틈이 안 나면 저녁에라도 나간다.

창고에 남은 재고를 팔기 위해, 현장의 분위기를 직접 보고 느끼기 위해, 그리고 내가 트럭 위에서 품었던 그 뜨겁고도 절박했던 꿈을 다시 확인하기 위해서다.

낡은 중고 트럭 한 대에 몸을 실었던 그 순간을 나는 아직도 잊지 않는다.

때로는 그 기억이 트라우마가 되어, 크지 않은 알람 소리에도 나를 벌떡 일어나게 만든다. 고된 사연을 안고 찾아오는 많은 분들과 나를 이어주는 연결고리 또한 그때의 기억이다.

처음 무작정 찾아간 야채가게에서 장사를 배웠을 때 내 목표는, 당시 가게의 사장이었던 스승님을 뛰어넘는 장사꾼이 되는 것이었다.

이제 내 꿈은 대한민국 최고의 과일 장사꾼이 되는 것이다. 또

한 국가대표 과일촌 안에서 꿈꾸는 모든 이들의 손을 잡고 등을 밀어, 모두의 꿈으로 이뤄내는 것이다.

함께 항해할 더 큰 배를 만들기

큰 꿈을 이루기 위해 내가 당장 할 일은, 국가 대표 과일촌의 모든 트럭 장사꾼들이 새 출발을 할 수 있게끔 디딤돌을 만들어주는 작업이다.

트럭 장사라는 것이 불법적인 요소가 없지 않다. 그 때문에 단속반과 그렇게 매일같이 숨바꼭질을 해야 하는 것이다. 하지만 당장 트럭 장사를 하기 위해 오는 이들은, 지금의 모습으로는 더 이상 가정을 유지하기도, 정상적인 사회생활을 하기도 힘든 경우가 대부분이다. 심지어 극단적인 마지막 선택을 하기 직전에 이곳을 찾는 이도 있다.

그렇기에 당장의 빚을 해결하고 삶의 활로를 마련할 수 있는 방편으로 트럭이라는 도구를 빌리게끔 하는 것이다. 트럭 장사꾼으로서 짧고도 긴 재활의 시간을 거친 후 이들이 본연의 모습을 되찾는 것을 볼 때면 매번 마음이 뜨거워진다. 그렇게 조금의 힘만 보태준다면 누구든 당당한 아빠, 멋진 남편, 자랑스러운 아들이 되어 자기만의 자리를 만들어내고 꿈을 펼칠 수 있다.

이분들이 트럭 장사로 끝나는 것이 아니라 국가대표 과일촌 안에서 더 큰 목표를 향해 함께 항해할 수 있도록, 크고 튼튼한 배를 만들어내는 것이 지금의 내 꿈이자 숙제다.

전국의 과일가게 100호점을 향해

얼마 전 인수한 국가대표 과일촌의 제3물류 센터는 국내 최대 규모의 트럭 물류센터이다. 물류센터를 확장함으로써 전국에 우리 제품을 유통하는 첫발을 내딛게 되었다.

소규모 자영업자들의 주된 고충은 구매 단가다. 우리는 대량, 직접 구매를 통해 유통 단계를 줄여서 합리적인 가격으로 꾸준히 공급을 하고자 노력 중이다. 또한 생산자 입장에서는, 땀과 눈물로 재배한 농산물이 외면당하지 않고 제대로 유통될 수 있는 발판을 만들고자 한다.

전국에 100개의 과일가게를 만드는 것이 현재 나의 목표다. 농수산물 직거래를 통해 농가와 소비자 사이의 합리적인 거래를 유도하고, 못난이 과일 같은 B급 상품도 버려지지 않도록 판로를 확보할 것이다.

'장사는 은퇴자의 무덤'이라 말하는 시대다. 나는 장사가 무덤이 아닌 희망의 텃밭이 충분히 될 수 있다고 믿는다.

그 통로가 될, 전국의 과일가게 100호점.

상상만으로도 가슴이 뛴다.

낡은 가방 속의
책 한 권

첫 책《국가대표 트럭장사꾼》이 나올 즈음, 언제나 내 편이 되어 주셨던 장인어른은 암이 재발해 병실에 계셨다. 출간 후에는 내 책을 늘 손에 들고서 닳고 닳도록 읽으셨다.

진료 온 의사 선생님이 이렇게 물을 정도였다.

"무슨 책을 그렇게 매일 읽으세요?"

"아, 예. 막내 사위 놈이 쓴 책인데 아주 재미있어요."

"사위 분이 작가세요?"라고 또 물으면 힘이 실린 목소리로 답하셨다.

"아닙니다. 국가대표 과일 장사꾼입니다. 대한민국 최고 장사꾼이요."

내가 나오는 방송도 놓치는 법이 없으셨다. 병실에 누워 있다가도 은근슬쩍 같은 방 사람들에게 얘기하셨다.

"리모컨 좀 줘봐요. 이거 말고는 볼 게 없네."

그렇게 채널을 미리 맞춰놓고는 텔레비전에 내 모습이 나오면 짐짓 놀라는 척하셨다.

"어, 이 녀석이 왜 또 나왔어. 방송 자주 나오면 안 좋다니까."

그럼 당연히 병실 분들의 질문이 쏟아졌다.

"아는 사람이에요?"

"아, 매일 오는 우리 막내 사위잖아요. 이 녀석 방송 나오면 말이라도 하지. 이젠 하도 많이 나오니까 말도 안 하네."

그렇게 흐뭇한 마음을 나름의 방법으로 표현하셨다.

장사가 망해 어려웠을 때도 장인어른은 늘 내 편이셨다.

"나도 사업해봤지만 다 그런 거야. 기죽지 말고 힘내! 아빠가 해줄 수 있는 게 없어 미안하구나."

딸 고생시키는 것을 한번쯤 나무랄 법도 한데, 행여 자식 부부 마음에 상처라도 낼까 늘 반갑게 웃는 얼굴로 맞아주셨다.

장인어른은 돌아가시기 전, 우리 부부가 처음 장만한 집에 어렵게 걸음을 하셨다.

"잘했다. 너도, 배 서방도."

대견하다고, 장하다고 칭찬해주시던 얼굴이 지금도 선하다. 장인어른은 그해 크리스마스를 앞두고 하늘의 별이 되셨다. 그날 놓고 떠나신 가방 속에도 《국가대표 트럭장사꾼》 책은 단정하게 들어 있었다.

두 번째 책이 출간된다는 것을 아시면 하늘에서 또 얼마나 좋아하실까.

장인어른께 선물을 드릴 수 있게 되어 감사하다.

장모님, 또 나의 어머니, 아버지.
지갑에 만 원 한 장 없어서 쩔쩔매던 때도 늘 나를 응원해주고 곁을 지켜준 아내에게도 감사를 전한다.
또한 사랑하는 나의 두 딸,
오늘도 과일촌에서 땀 흘리는 식구들과 나를 아는 모든 분들께도 감사하다.

트럭 모는 CEO

초판 1쇄 발행 2018년 7월 23일
초판 2쇄 발행 2020년 6월 19일

지은이 배성기
펴낸이 정덕식, 김재현
펴낸곳 ㈜센시오

출판등록 2009년 10월 14일 제300-2009-126호
주소 서울특별시 마포구 성암로 189, 1711호
전화 02-734-0981
팩스 02-333-0981
전자우편 sensio@sensiobook.com

디자인 Design IF
ISBN 978-89-97142-96-5

소중한 원고를 기다립니다. sensio@sensiobook.com